Hans G. Isenberg · Langzeitsegeln

Hans G. Isenberg

Langzeitsegeln

Ausstieg ohne Risiko

pietsch

Einbandgestaltung: Andreas Pflaum

Titelbild: Hans G. Isenberg

Bildnachweis: Hans G. Isenberg

ISBN 3-613-50342-5

Ein Unternehmen der Paul Pietsch Verlage GmbH + Co
1. Auflage 2000

Lektorat: Oliver Schwarz
Innengestaltung: Marit Wolff
Druck: TC Druck, 72072 Tübingen
Bindung: E. Riethmüller, 70176 Stuttgart
Printed in Germany

Vorwort 7

1. Das Sabbatical 10
2. Der richtige Zeitpunkt für den Ausstieg 15
3. Nur Faulenzen ist keine Perspektive 18
4. Aussteigen auf Zeit: Allein, zu zweit oder mit Kind? 23
5. Die fast vergebliche Suche nach dem absoluten Traumschiff 30
6. Teures Zubehör – Vor Fehlkäufen ist keiner sicher 35
7. Bootsverkauf auf schwachen Füßen 41
8. Wenn alte Freunde plötzlich Fremde sind 45
9. Torschlusspanik – Alles auf eine Karte gesetzt 49
10. Weniger ist manchmal mehr 56
11. Unterhaltszahlung »vergessen« 60
12. Wie aus kleinen Schulden große Schulden werden 66
13. Blauwassersegeln ohne Vorkenntnisse – Gewusst wie 69
14. Wer ohne gültige Bootspapiere zur See fährt, riskiert Gefängnis 72
15. Legale Jobs für Aussteiger 79
16. Seglerleben am absoluten Minimum 88
17. Wenn alles den Bach hinuntergeht 92
18. Schnelles Geld für heiße Ware – So werden Drogendealer geschnappt 98
19. Profitable Geschäfte mit Bootsflüchtlingen 104
20. Krank im Ausland 112
21. Sind ausländische Ärzte besser als ihr Ruf? 121
22. Hilfe im Ernstfall 124
23. Was passiert, wenn der Partner stirbt? 130
24. Die kopierte Kreditkarte und andere Betrügereien 135

25. Kreditkarte als Blankoscheck? 144
26. Ersatzteile elektronisch bezahlt – Risiko! 147
27. Die passende Bankverbindung 150
28. Traumurlaub auf Kosten der Finanzkasse 154
29. Weltumseglung als Betriebsausgabe? 156
30. Fixe Kosten senken bei der Mietwohnung 159
31. Laufende Kosten zu Hause reduzieren 163
32. Problemfall Lebensversicherung 166
33. Jetzt lebe ich vom Ersparten 168
34. Sinnvolle Investition – Schnupperflug ins künftige Traumrevier 174
35. Erfahrungen eines Langzeit-Aussteigers 178
36. Urlaubsregelungen für Arbeitslose 181
37. Heimathafen Lüderitz oder Bali – warum eigentlich nicht? 184

Schlusswort: Aussteigen auf Zeit lohnt sich 189

Vorwort

Langzeit-Urlaub mit dem Segelboot? Schon der Gedanke an einen mehrmonatigen Urlaub im sonnigen Süden weckt bei Freunden und Bekannten bislang verborgene Gefühle von Missgunst, Neid und oft auch Aggression. Plötzlich passt man nicht mehr in das gewohnte Strickmuster von regelmäßiger Arbeit bei Daimler & Co., einem dreiwöchigen Feriendomizil in Andalusien und dem Skiurlaub in Vorarlberg. Zu mehr reicht meist die Fantasie nicht aus, oder schlicht die Trägheit, Entscheidungen zu treffen, die »risikoträchtiger« sind. Wer über diese Barrieren springt, wird vordergründig als Held gefeiert, hintenherum wünscht man dem Aussteiger auf Zeit weit mehr als Mastbruch, Strandung und Ebbe in der Kasse. Reumütig soll er an den Arbeitsplatz zurückkehren, dann ist die Welt wieder in Ordnung.

Wohl jeder erfolgreiche Langzeiturlauber hat diese menschlich so unerfreulichen Erfahrungen gemacht: »Man unterstellte mir Probleme in unserer Ehe wegen irgendwelchen Weibern, und deshalb würden wir Deutschland auf unbestimmte Zeit verlassen«, erinnert sich ein bekannter deutscher Solo-Weltumsegler an den Klatsch seiner »Freunde« als er wieder lossegelte, diesmal allerdings mit seiner Frau. Im Nachhinein kann gesagt werden, dass dieser Törn der beste seiner bemerkenswerten Reisen war. Ein nicht weniger bekannter »Kollege« bekam den Neid seiner Bekannten in Form von finanziellen Anschuldigungen massiv zu spüren, die ihm Steuerhinterziehung und ausstehende Handwerker-Rechnungen unterstellten. Nur deshalb würde er wieder die Heimat per Schiff verlassen. »In Wirklichkeit hatte ich mein Haus verkauft und nutzte das Geld ohne Wissen der Freunde für den Kauf einer neuen Yacht. Das Finanzamt bestätigte mir schriftlich, dass keine weiteren Ansprüche oder Zahlungen anstehen würden. Und auch die Handwerker-Zahlungen waren Sache der neuen Hausbesitzer, wie später in einem Anhörungstermin vor dem Amtsgericht eindeutig geklärt wurde. Letztlich lösten sich alle finanziellen Anschuldigungen und

der ganze unappetitliche Klatsch im Nichts auf, weil wir die Leinen loswarfen und unsere Ruhe auf See fanden.« Wie verhindert man solche tiefgreifenden menschlichen Enttäuschungen?
Aus eigener Erfahrung kann ich Ihnen nur zu Diskretion in der Planung Ihrer Langfahrt raten. Die besten Segelfreunde werden einfach neidisch, ja zu Gegnern, wenn es um Ziele geht, die man selbst schon jahrelang verwirklichen möchte, aber es letztlich am eigenen Durchsetzungsvermögen fehlt. Die guten Ratschläge der Segelfreunde entpuppen sich später oft als heimtückisch versteckte Minen, die unser nicht immer stabiles Selbstbewusstsein so nachhaltig unterminieren, dass wir den »Bettel hinschmeißen« und aufgeben. Man möge nur die vielen Kleinanzeigen im *Palstek* oder im *Bootsmarkt* studieren. Da wimmelt es von unsanft begrabenen seglerischen Träumen wie: »Stahlkasko-Langkieler umständehalber zu verkaufen, ideale Fahrtenyacht, 20.000 DM.«
Deutschlands beste und berühmteste Solo-Weltumseglerin Gudrun C. wusste genau, weshalb sie nur eine knappe Handvoll echter Freunde und ihre diskrete Familie in ihre Pläne für die erste deutsche Solo-Nonstop-Weltumseglung einweihte. Der Erfolgsdruck wächst im gleichen Maße an, je mehr Segelfreunde, Geschäftskollegen und Bekannte von unserem Lebenstraum erfahren. Hinterher ist alles in Butter. Alle freuen sich über den tollen Trip, den man als Aussteiger auf Zeit genossen hat. Jetzt passt man wieder ins Strickmuster unserer angepassten Gesellschaft.
Für unsere Kollegen und Freunde ist damit der Normalzustand wieder erreicht. Was sie nicht wissen: Die nächste Reise ist schon in der Planung. Es fehlt augenblicklich nur am Geld. In diesem Stadium »drehen« allerdings nicht wenige Fernreisesüchtige durch. Mit waghalsigen Finanzierungs-Kunstücken werden wohlmeinende Geschäftspartner, brave Vermieter, träge Steuerbeamte und der Rest der Welt ausgetrickst, übers Ohr gehauen, verraten und verkauft. Motto: Nach mir die Sintflut, ich haue einfach ab. Kurzfristig betrachtet kann dieses Spiel schon aufgehen. Langfristig gesehen stürzen sich diese Hasardeure ins menschliche Abseits. Manche landen im Gefängnis, wenige im Nirvana. Dieses Buch zeigt deshalb vor allem auch die Schattenseiten des Langzeitsegelns, die wohl

jeder Blauwassersegler kennt. Segeln kann brutal anstrengend sein und ist selten das Paradies auf Erden.
Dennoch lohnt jede Anstrengung, denn das Abenteuer des Lebens gibt es mit Sicherheit nicht im Büro, vor dem Fernseher oder pauschal buchbar. Deshalb Leinen los, wer nichts wagt, kann auch nicht gewinnen.

1.

Das Sabbatical

Wer wagt, gewinnt

»Zu faul: Beamter zurückgestuft.« Hinter dieser Meldung vom Mai 1999 verbirgt sich eine typisch menschliche Fehlleistung, die zeigt, wie weit der persönliche Frust gehen kann, wenn kein Ausgleich da ist. Die Presse schrieb damals sinngemäß: Das zuständige Verwaltungsgericht hat einen Beamten des Regierungspräsidiums ... wegen Untätigkeit zurückgestuft. Wie zu erfahren war, wurde der Regierungsdirektor um einen Dienstgrad zum Oberregierungsrat »degradiert.« Das Regierungspräsidium soll seine Entfernung aus dem Dienst beantragt haben, scheiterte damit aber bei der Disziplinarkammer. Dem Beamten wird vorgeworfen, die vorgegebenen Arbeitszeiten nicht eingehalten, sowie die ihm vorgelegten Akten nur schleppend oder gar nicht bearbeitet zu haben. Seinen Aufstieg kann sich heute in der Behörde niemand mehr erklären.
Dieses schwarze Schaf in der großen Familie der fleißigen Staatsdiener war nach unseren Recherchen einfach nicht in der Lage, seine persönlichen Probleme in den Griff zu bekommen. Viel Ärger in der Familie mit den halbwüchsigen Kindern, die Frau eine bodenständige Landpomeranze ohne Lust aufs Verreisen? Das Amt ein meist dröger Verwaltungsjob zwischen einem Berg von Aktenordnern. Sind das Perspektiven für einen Mann oder eine Frau mittleren

Gewagt und gewonnen: Diese drei Yachten segelten ohne größere Blessuren über den Atlantik. Rechts ein 23 Jahre alter holländischer Knickspanter. Für 32.000 Mark bei einem Händler gekauft und in Eigenarbeit renoviert. So lernt man sein Schiff am besten kennen.

Alters, der/die wenigstens einmal in seinem/ihrem Leben mit seinem Segelboot zu fernen Ufern aufbrechen möchte? Nichts wird passieren, obwohl alle Voraussetzungen, wie genügend Geld, und eine großzügige Langzeit-Urlaubsreglung für Staatsdiener vorhanden sind, weil der wichtigste Faktor fehlt: Der Mut zum Ausbrechen aus dem Alltagstrott.

»Mutige Menschen werden nicht geboren, zum mutigen Menschen wird man durch eigene positive

Erfahrungen gemacht«, meint ein Stuttgarter Psychologe. »Wer in jungen Jahren Beamter wird, ist von seiner Persönlichkeit her kein »mutiger« Mensch, er braucht die »Wärme des Amtes«, dort fühlt er sich geborgen. Aber nicht nur Beamte erkennen nach langen Berufsjahren, dass ihr Arbeitsplatz zu einer persönlichen Sackgasse wurde. Die wenigsten gönnen sich dann einen Ausstieg auf Zeit, obwohl dieser Urlaub für alle Beteiligten eine echte Frischzellenkur bedeuten würde.«
Dieser Mut lässt sich trainieren. Beispiel: Fernreisen in der Gruppe und bald allein. Bei der ersten Fernreise durch Nordamerika verlässt sich der potentielle Aussteiger auf Zeit noch auf den routinierten Reiseführer von TUI und Kollegen. Bei der nächsten Reise wagt er schon den Tour-Trip im umgebauten Schlafbus durch das Outback Australiens. Jetzt hat es gefunkt. Die dritte Reise führt dann allein mit dem Rucksack von Santiago de Chile bis nach Patagonien im klapprigen Überlandbus. Welche Reise hat am meisten Spaß gemacht? Die letzte natürlich, weil man sich bestätigt fühlt, dass man etwas geleistet hat, den Mut besessen hat, diese Reise zu unternehmen, wovon man so lange schon geträumt hat.

Aussteigen mit Rettungsanker

Wann aber kommt gemeinhin der große Frust? Geht es nach wissenschaftlich fundierten Studien der Freizeitforscher, erleben die meisten berufstätigen Menschen nach 15–20 Jahren einen inneren Zustand, der als Burn-Out bezeichnet wird. Ausgebrannt in jeder Hinsicht: Beruflich ohne echte Zukunftsperspektive, privat oft schon geschieden, gesundheitlich längst nicht mehr auf der Höhe. Frust und Verschleiß zeichnen sich im Gesicht ab. Meist mag man sich selber nicht mehr – und erst recht nicht sein Umfeld.
Damit dieser latent depressive Zustand auf möglichst niedrigem Level bleibt oder behoben wird, empfehlen die meisten Wirtschaftspädagogen schon nach fünf bis sieben Jahren Berufstätigkeit ein Sabbatical zu wagen. Das Wort kommt aus der hebräischen Sprache, Sabbat wie Ruhetag. Als Sabbatjahr wird dann eine berufliche Ruhepause von einem Jahr bezeichnet. In vielen Berufsständen wird ein Sabbatical gefördert. Beispiel: Wissenschaftler mit dem Sabbatical als freies Semester für Forschungen. Der Elektronik-Riese

Hewlett Packard, Siemens oder die Autohersteller BMW und der VW-Konzern sind starke Befürworter für einen Langzeiturlaub ihrer Angestellten. Hier lassen sich Überstunden, Urlaubsanspruch und andere » freie Tage« auf ein Langzeitkonto ansparen. Den Kontostand » Langzeiturlaub« plündert man dann zur gegebenen Zeit mit einem mehrmonatigen Urlaub. Der Arbeitsplatz bleibt natürlich mit vollen Bezügen erhalten!

Was viele Arbeitnehmer nicht wissen: Die eigene Firma hat längst eine Betriebsvereinbarung beschlossen, die einen Langzeiturlaub regelt. Die meisten Energieversorgungs-Unternehmen haben diese Regelungen, aber auch der so oft als Ausbeuter gescholtene Konzern Mc Donald's. Die Liste kann nicht vollständig sein, denn jeder Konzern handelt mit dem Betriebsrat sein eigenes Modell aus.

Gelobt sei das Rahmenrechtsgesetz für Beamte. Wie so oft schießen Staatsdiener und Beamte den Vogel ab, wenn es um zusätzliche Vergünstigungen geht. Ihnen steht, wenn keine dienstlichen Belange dagegen stehen, ein bis sechsjähriger Langzeiturlaub zu. Argumente wie Fort- und Weiterbildung, Studienreisen etc. lassen sich immer finden. Bei diesem Langzeitmodell gibt es keine laufenden Bezüge, die Pensionsansprüche bleiben aber voll erhalten. Bei kürzeren Laufzeiten lassen die zuständigen Ministerien ihre Bediensteten, finanziell gesehen, nicht im Regen stehen. Kein Wunder, sind auf allen Weltmeeren Tausende von gutgelaunten Staatsdienern und Beamte unterwegs, die genau wussten, weshalb sie Beamte geworden sind.

Klar geregelt sind für Lehrer, Bundesbeamte, Angestellte und Arbeiter im öffentlichen Dienst Sonderurlaube mit einer Reduzierung der Bezüge. Schon beim Drei-Jahres-Sonderurlaub-Modell kann sich der im öffentlichen Dienst stehende Müllkutscher nach zwei Jahren Arbeit auf ein volles Jahr Sonderurlaub freuen, das ihm durchgehend zwei Drittel der Dienstbezüge garantiert. Beim Fünf-Jahres-Sonderurlaub-Modell wird vier Jahre gearbeitet, dann erholt sich der gestresste Büroverwalter für ein Jahr bei vier Fünftel seiner Dienstbezüge unter wiegenden Palmen.

So schön kann das Leben sein, wenn man den richtigen Beruf und Arbeitgeber hat. Dass die Wartezeiten auf die Beförderung voll erhalten bleiben, zeigt nur einen Teil dieser extrem kulanten Regelung.

Mutterschutz, Beihilfen, Kindergeld werden voll, Weihnachtsgeld und Urlaubsgeld anteilig bezahlt. Selbst Jubiläumszuwendungen werden in allen Varianten ungekürzt gewährt. Einziger Wermutstropfen: die Altersversorgung fällt entsprechend der Bezüge etwas geringer aus.
Alle deutschen Bundesländer stellen umfangreiches Informations-Material für Zwei- bis Acht-Jahre-Modelle zur Verfügung.
Ansprechpartner sind die jeweiligen Ministerien für Kultur, Sport und Jugend. In einigen Bundesländern wie Berlin werden Lehrer und Beamte nach der Wende besonders gefördert. Im Zwei-Jahres-Modell wird ein Jahr voll gearbeitet, dann steht jedem Lehrer etc. ein freies Jahr bei der Hälfte der Bezüge zu. Wenn er sich das leisten kann, ist er fein raus. Kenner des deutschen Beamtenwesens meinen deshalb unisono: »In unserer neuen Bundeshauptstadt ist manches möglich, was in der freien Wirtschaft schlicht undenkbar ist.« So zog ein wegen seiner zickigen Freundin leicht frustrierter Kumpel von Stuttgart nach Berlin um und bekam als Lehrer anstandslos ein Jahr Karibik-Urlaub von der Senatsverwaltung genehmigt, weil er die Felsenzeichnungen der karibischen Ureinwohner studieren wollte. Arno lebte glücklich und zufrieden auf einem älteren Segelboot, das er für eine Jahresmiete von 2000 Mark von einem französischen Segler und Kollegen angemietet hatte, der gerade seinen elfmonatigen » congé sabbatique«, den französischen Sabbatical, mit viel Rum, Weib und Gesang überstanden hatte. (Der freiberuflich tätige Autor kann sich leichte Neidgefühle nicht verkneifen.)
Weshalb zeigt sich der Staat so freizügig gegenüber seinen Mitarbeitern? Tausende von bislang arbeitslosen Lehrern bekommen damit eine Chance für eine Anstellung. Das macht Sinn für alle Beteiligten. Ähnlich sieht es die freie Wirtschaft. Die Flexibilisierung der Arbeitszeit ist seit dem 1. Januar 1998 nicht nur ein weiteres Gesetz, es lässt auch hoffen, dass die vorhandene Arbeit in Zukunft besser verteilt wird. Für Aussteiger auf Zeit öffnen sich damit weit bessere Chancen als in der Vergangenheit, wo schon jeder Urlaub über vier Wochen mit einer leicht asozialen Komponente belastet wurde.

Der richtige Zeitpunkt für den Ausstieg

Karriere-Knick vorprogrammiert?

Bedeutet der Ausstieg auf Zeit das berufliche Ende? Hier scheiden sich die Geister. Konservative Meinung: »Machen wir uns nichts vor. Die meisten Aussteiger kämpfen mit hausgemachten Problemen gegen den eigenen Frust an. Deshalb fliehen diese Typen mit dem Segelboot in den sonnigen Süden. Für mich sind diese Menschen Feiglinge, ungeeignet für das heutige Geschäftsleben.« Was soll man von solch einer Meinung halten? Tatsächlich »verwaltet« dieser Mensch seit 21 Jahren die Personalakten von 380 Angestellten in einem mittelständischen Verlag. Als dann der oberste Chef des Unternehmens nach sieben Jahren malochen für drei Jahre zu einer diskret geplanten Weltumseglung aufbrach, meinte unser Aktenverwalter bei der Abschiedsfeier: »Unser Chef ist der Größte, den beneide ich, weil er den Mumm hat, seinen Stuhl zu räumen und einen Traum zu verwirklichen.«

So wechselhaft sind die Gefühle unserer lieben Kollegen. Nachzutragen gilt, dass der Chef des Verlags seine Weltumseglung in knapp zwei Jahren erfolgreich durchzog und heute über 2800 Mitarbeiter in einem weit größeren Verlag leitet. Sein Ausstieg auf Zeit nutzte eindeutig seiner Karriere, wie er mir in einem Gespräch unter Seglern gestand. Progressiv eingestellte Personalchefs sehen heute den Ausstieg auf Zeit realistischer. Der Personalchef eines bedeutenden Automobil-Herstellers: »Nach unseren Erfahrungen arbeiteten die »Aussteiger« nach dem sechsmonatigen Urlaub wesentlich motivierter und ideenreicher, als der Rest der Mannschaft. Für die Firma war das bis auf eine Ausnahme ein Gewinn. Wer im heutigen Berufsleben nur die eigenen vier Wände sieht und nicht die Arbeitsbedingungen unserer Werke im Ausland kennen gelernt hat, taugt nichts für höherwertige Aufgaben in einer multinational tätigen Firma.«

Der Schiffsname sagt alles: So mancher Aussteiger auf Zeit fragt sich, warum er nicht schon früher den Absprung gewagt hat, oder weshalb er mit Freuden die Mühe auf sich nimmt.

Wie wahr, fast alle bekannten Bosse der multinationalen Unternehmen verdienten sich ihre Aufstiegschancen im Ausland. Abteilungsleiter in einem südafrikanischen Montagewerk? Dann dritter Mann bei der deutschen Vertretung im südamerikanischen Zweigwerk? Das ist Knochenarbeit in der Fremde, ohne viel Spaß unter wiegenden Palmen. Wer nun als zukünftiger Aussteiger auf Zeit seinem Chef den Vorschlag unterbreitet, einfach für sechs Monate abzuhauen, stößt auf wenig Verständnis. Bessere Argumente zum Wohle der Firma sind notwendig, wenn man nicht schief angesehen werden will. Schließlich möchten die meisten Aussteiger auf Zeit ihren »alten« Job nach der langen Reise wiederhaben. Perfekte Fremdsprachenkenntnisse sind ein wichtiges Argument für zukünftig höherwertige Aufgaben im Betrieb.

Noch mehr Drive in die Verhandlungen bringt ein zweimonatiger Arbeitsbesuch in der Auslandsvertretung. Die restlichen vier Monate sollen dann der persönlichen Horizont-Erweiterung in der Fremde dienen. Der Personalchef eines bekannten süddeutschen Unternehmens bringt es auf den Punkt: »Neueinstellungen kosten immer Geld. Kehrt unser Aussteiger auf Zeit top motiviert nach sechs Monaten an seinen Arbeitsplatz zurück, ist das allemal billiger und sinnvoller für die Firma. Es gibt aber auch Ausnahmen. Wer länger als neun Monate weg ist, hat unter

Umständen schon den Anschluss an Neuerungen verloren. Dieser Mann ist letztlich auch beruflich gesehen »ausgestiegen« und damit, zumindest bei uns, nur noch eine Karteileiche. Wer aussteigen will, muss mir Argumente in schlüssiger Form liefern, dass auch unsere Firma von diesem Langzeiturlaub profitieren wird. Deshalb sind Fortbildung im eigenen Job, bessere Sprachkenntnisse, flexibler Arbeitsplatzwechsel, auch ins Ausland, schlagkräftige Argumente für die Genehmigung einer sechsmonatigen Auszeit.«

Nur Faulenzen ist keine Perspektive

Ein populärer Weltumsegler zieht Bilanz: »Arbeit und nichts als Arbeit hat mir dieses sogenannte Segelvergnügen gebracht. Ich habe an Bord geschuftet, wie nie zuvor in meinem Leben.« Wer an das Märchen vom unbeschwerten Seglerglück unter Palmen glaubt, wird ganz zwangsläufig von der Realität eingeholt. Es ist der ständige Kampf gegen den inneren Schweinehund und gegen die verschleißanfällige Technik, die leider in jedem Schiff steckt – einer der wichtigsten Gründe, weshalb viele Weltumsegler oder Globetrotter während der Reise, oder am Ziel, ihr bisheriges Schiff oder den Camper so schnell wie möglich verkaufen wollen. Bleibt die Frage offen, was hat man eigentlich vor Antritt der Reise wirklich erwartet? Weshalb macht sich der Frust in uns breit, obwohl wir unser Traumziel mit gesunden Knochen erreicht haben?

Nur Faulenzen in der Sonne macht nicht glücklich. Ohne ernsthafte Perspektiven oder selbstgewählte Aufgaben entwickelt sich wohl jeder mehrmonatige Aufenthalt am gleichen Ort zu einer langweiligen, ja tristen Angelegenheit. Wer die

Keine Angst vor großen Tieren: Mit einem gerade mal 50 Tage alten Löwenkind in Anwesenheit der Mutter spielen, das sind Erlebnisse, die einem Pauschaltourist seltenst vergönnt sind. Der Outback Namibias bietet solche Reize.

verkifften Gemeinschaften von Kudu Beach und anderer Zentren der finalen Aussteiger kennen gelernt hat, wird vielleicht gleicher Ansicht sein. Meditation allein reicht nicht. Aktion tut Not, damit das Gehirn gefordert bleibt. Als Bildjournalist versuche ich mir vor Ort eine Reportage im Kopf zusammen zu stellen, die mich persönlich interessiert und die ich auch später an Reisemagazine und Bildagenturen verkaufen kann. Im ganzen südlichen Afrika gibt es zum Beispiel nur eine Tierfarm, auf der sich ausgewachsene Löwen von wildfremden Menschen streicheln lassen. Die verletzten oder verstoßenen Löwenkinder werden auf der Farm im äußersten Osten Namibias gepflegt und großgezogen. In der Freiheit würden diese Tiere von ihren Artgenossen getötet. Deshalb leben diese Zöglinge für den Rest ihres Lebens auf einer riesigen Farm. Das Foto auf Seite 18 zeigt mich bei zwei von 32 zahmen Löwen, die auf dieser Farm leben. Der Leser möge sich das prickelnde Gefühl vorstellen, wenn der Löwe einem die Mütze vom Kopf zieht. Von den zahmen Löwen erfuhr ich durch Zufall von einem anderen Segler. Deshalb fuhren wir mit dem Mietwagen von Kapstadt aus fast 4000 Kilometer über brütend heiße Straßen für unsere ganz persönliche Löwenstory. Für mich liegt auch in diesen Anstrengungen der Reiz des Langzeitsegelns. Das sind die Erlebnisse, die man nie mehr vergisst, weil sich die Mühe gelohnt hat.

Auf einer ganz anderen Schiene sind die sozialkritischen Themen, die mich persönlich interessieren. Meine Fotoreportage über einen 60-jährigen deutschen Ex-Hippie der 68er Generation, der heute an Indiens Südküste über 250 Einheimische für sich im Tourismusgewerbe arbeiten lässt, ist solch ein Thema. Wie lebt dieser unappetitlich aussehende Typ, ist er verheiratet? Was zahlt er seinen »Dienern«? Ist er ein gutmütiger Wohltäter, wie er sagt, oder ein übler Ausbeuter? Die Recherchen zu solchen Reportagen dauern Wochen und halten mich derart in Trab, dass ich mich in einer ruhigen Minute selber fragen muss: »Was soll das Ganze, ändern kannst du die Verhältnisse dort nicht. Du bist doch in den Ferien, ausgestiegen aus der Maloche und jetzt schaffst du wie ein Blödmann?« Leider lässt sich der Beruf des Journalisten nicht so einfach bei der Abreise an den Nagel hängen, sage ich mir dann und freue mich hinterher über

die gewonnenen Eindrücke und Lebenserfahrungen, die erst durch Segeln und Globetrottern möglich sind.
Akzeptieren muss ich die für mich wenig begeisternden Hobbys wie Bierkrüge sammeln und dergleichen. Andererseits gebe ich freimütig zu, dass mich Dampfloks tierisch anmachen. Dafür werden Reisepläne umgestoßen, Segelrouten auch mal zum Nachteil geändert und letztlich wird viel »unnötiges Geld« für diesen »Schwachsinn« (Zitat meiner Schwester) ausgegeben. Die letzten authentischen Loks unter Dampfbetrieb sind meist in exotischen Gegenden unterwegs, wo es sich nicht lohnt, eine moderne Diesellok anzukoppeln. Wo fährt die schönste Schmalspurbahn Indonesiens? Wo finde ich die höchstgelegene Schmalspurbahn Indiens? Gibt es auf Madagaskar immer noch eine Zuckerrohr-Plantagenbahn, die mit dürren Blättern befeuert wird? Man muss schon etwas verrückt sein, wenn man wegen einer 90 Jahre alten, rostigen Dampflok ein paar Tausend Kilometer über's Land fährt und dort eventuell eine Woche in der Pampa wartet, bis sich das alte Dampfross in Bewegung setzt. Hinterher hat mir die Sache mächtig Spaß bereitet. Vor Ort war es oft zum Davonlaufen.
Sportliche Aktivitäten sind auch so eine Sache, die mit den Vorstellungen vom Faulenzen unter Palmen wenig zu tun haben, zudem Arbeit bedeuten und Geld verschlingen. Nicht wenige Langzeit-Segler sind mit sperrigen Surf- oder Sailbords unterwegs. Eine umfangreiche Tauchausrüstung mit Kompressor gehört heute fast schon zum Standard-Equipement von blauwassertauglichen Jachten, teure Mountainbikes und Inline-Skater werden über die Ozeane geschleppt. Selbst Gleitschirmfliegen mit und ohne Motor wird unter Langzeit-Seglern immer beliebter, weil die Freiheit der Lüfte auch für Segler faszinierend ist. Wozu der ganze Aufwand? Alles eine Sache der persönlichen Einstellung. Der eine braucht seine »Fun & Action«, der andere ist mit einem ruhigen Ankerplatz auf Mallorca zufrieden. Ich brauche dringend üppig Sport und auch sonst jede Menge »Action.«
Mit einer beweglichen Immobilie wie dem Segelschiff oder Camper ist man fast automatisch zu Aktivitäten »genötigt«, die den Körper und Geist lebendig halten. Oft sind es ganz banale Dinge, die auf einsamen Ankerplätzen oder im Out-

Wer als Langzeitsegler nur an seinem Schiff »klebt«, verpasst die besten Chancen, fremde Länder und Menschen genauer kennen zu lernen. Leider kosten diese Erkundungstouren eine Menge Geld, die dann eventuell beim Segeln fehlen.

back mit Aufwand organisiert werden müssen. Wasser und Treibstoff bunkern, Lebensmittel für Wochen einkaufen, Geld beschaffen, Filme entwickeln lassen und das Schiff oder den Camper in Ordnung halten. Die Suche nach den passenden Detailkarten für den Trip ins Outback kann einen routinierten Offroad-Fahrer voll für Tage beschäftigen. In dieser Zeit denkt er an nichts anderes als an diese »verdammten« Karten, die vergriffen oder nur dem Militär zugänglich sind. Sahara-Fahrer wissen, was gemeint ist – Schmiergeldzahlungen ohne Ende. Wer mit dem eigenen Fahrzeug von Alaska bis nach Feuerland gefahren ist, kann stundenlang über die Schikanen einzelner Grenzbeamter von mittel- und südamerikanischen Ländern berichten. Diese Schwierigkeiten lassen viele Motorrad-Globetrotter und Geländewagenfahrer vor der fast endlosen Fahrt über die »Panamericana« zurückschrecken. Das Motto »Es wird schon gut gehen« reicht da nicht. Man muss die Zähne zusammenbeißen, klug verhandeln, die Nerven behalten und das selbstgewählte Ziel eisern im Augen behalten.

Ohne Perspektiven im Kopf ist so eine knüppelharte Tour nicht zu schaffen. Besonders dann, wenn es mit der Gesundheit nicht mehr stimmt. Bernhard Forell hat's dennoch gewagt und kam durch. Bernhard Forell ist schwerbehindert, Rollstuhlfahrer und leidenschaftlicher Bildjournalist. Ein echter Weltenbummler, trotz seiner Behinderung. In knapp eineinhalb Jahren schaffte er die Panamerican zusammen mit seiner Frau Heike im selbstausgebauten VW-Bus in voller Länge von Alaska bis nach Feuerland. Nachzulesen in der Zeitschrift *Reisemobil* Heft 5/98. Vor solch einer wirklich außergewöhnlichen Leistung kann man als gesunder Mensch nur den Hut ziehen. Schon bei der Planung werden einem fast von allen Seiten psychologische Knüppel zwischen die Beine geworfen. Man möge sich in einer stillen Minute nur die Diskussionen der Geschäftskollegen und Freunde in der Heimat vorstellen: »Das ist unverantwortlicher Leichtsinn, Hasardeure, die arme Frau, die so etwas mitmachen muss.« In Wirklichkeit hat diese abenteuerliche Reise so viel für die beiden Globetrotter gebracht, dass sie davon viele Jahre zehren können. Die Motivation hat bei den beiden Globetrottern über die Ängste letztlich gesiegt. Jetzt planen sie eine neue, noch abenteuerlichere Weltreise.

Die wirklich erfolgreichen langen Weltreisen wurden immer gegen den Widerstand der Freunde und Bekannten durchgezogen. Man muss es als potentieller Aussteiger auf Zeit akzeptieren, dass für die meisten Menschen die letzten Bundesliga-Ergebnisse einfach wichtiger sind, als die Kinderstube der Wale in der Bucht von Capo San Lucas in der Baja California/Mexiko. Wer sich nichts schöneres als einen Kasten Bier und die TV-Übertragung des Formel 1-Grand Prix von Hockenheim vorstellen kann, wird sich kaum für die seglerischen Probleme bei der Durchfahrt des Panamakanals mit dem Segelboot interessieren.

Nach unseren eigenen persönlichen Erfahrungen sollte man frei vom Druck der Bekannten und Verwandten die nächste große Reise planen, durchführen und erst hinterher darüber berichten. Ohne den nötigen Egoismus lassen sich die wirklich anspruchsvollen Fernreisen nicht durchführen. Wer es allen Menschen recht machen will, wird im Outback scheitern. Die bedeutendsten Forschungsreisende und Entdecker, oder auch die modernen Berufsabenteurer, waren und sind ausgeprägte Egoisten. Nur so behält man das Ziel im Kopf und den Kopf auf dem Körper.

Aussteigen auf Zeit: Allein, zu zweit, oder mit Kind?

Die meisten Einhandsegler sind nicht aus freien Stücken, sondern notgedrungen allein unterwegs. Mit einer praktisch veranlagten, meist auch liebevollen Partnerin lassen sich die Stürme an Land und auf See eindeutig leichter meistern. Zudem sind alle guten wie schlechten Stationen dieser Reise Gesprächsstoff für Jahre danach. Selbst hartnäckige Solosegler wie Rollo Gebhard, Clark Stede oder Winfried Erdmann packten letztlich einen zusätzlichen Steuermann mit an Bord ihrer Yachten, weil es ihnen besser gefiel. Der Spaß am zeitweiligen Ausstieg mit einer Lebensgefährtin wirkt intensiver, meist gehaltvoller, und scheint etwas ängstlicheren Gemütern auch weit sicherer, als allein unterwegs zu sein.

Dennoch spricht manches für eine Reiseplanung ohne einen Partner. »Allein bin ich stark, zu zweit halbiere ich meine Kraft«, sagt Paul Zender, der in den letzten 12 Jahren drei Mal die Welt per Motorrad und Unimog umrundet hat. Derzeit baut er an einer Yacht, die konsequent aufs Einhandsegeln ausgerichtet ist. »Unzählige Langfahrten wurden nicht gestartet«, meint der Profiaussteiger, »weil der beste Freund oder die beste Freundin im letzten Moment ausstieg. Das sind die schlimmen Erfahrungen einer Traumreise zu zweit um die Welt. Mal schob ausgeprägter Liebeskummer mit dem bisherigen Partner die Abreise hinaus. Dann sorgten berufliche Nöte für eine Terminverschiebung der Reise, und zuletzt wurde meine Freundin von einem anderen Kerl auch noch schwanger, da war endgültig Schluss mit der Zweisamkeit.« Paul Zender arbeitet als gelernten Schreiner auf Montage, und verdient sein Geld für die Reisen ausschließlich in Deutschland. Seine Meinung: »Wer im Ausland jobben muss, ist ein armer Hund. Solche Kerle haben ständig Angst vor dem finanziellen Black Out. Das ruiniert für meinen Geschmack die schönste Reise.«

Partnerschaft auf Zeit hat sich nach den Erfahrungen vieler Soloreisender sehr bewährt. Martina S. reiste neun Monate mit dem Fahrrad durch Neuseeland: »In den preiswerten Back Packer Hotels trifft man die richtigen Leute für die Weiterfahrt. Man behält seine Unabhängigkeit trotz der vorübergehenden Zweisamkeit, ohne die üblichen Psychodramen, die oft zwischen den besten Freunden entstehen, wenn man monatelang gemeinsam unterwegs ist. Wer allein von zu Hause abreist, kann sich den besten Partner, wenn es gerade passt, für die Weiterfahrt oft vor Ort aussuchen. Das gleiche Reiseziel, das gleiche Fortbewegungsmittel und meist auch die gleichen Geldmittel und Interessen sind ideale Voraussetzungen für klasse Erlebnisse ohne die bekannten Spannungen, die es sonst bei langjährigen Freunden auf Weltreisen gibt.«

Der absolute Horror ist nach den Erfahrungen beteiligter Familien die Familientour um die Welt im Doppelpack. Zwei Männer und zwei Frauen auf einem Boot um die Welt? Das kann nicht gut gehen, obwohl von der Papierform her alles zum Besten steht: Halbe Kosten für das Schiff, doppelte Sicherheit durch genügend große Mannschaftsstärke an Bord und an Land, doppelte Mannpower bei Überholungsarbeiten und Reparaturen und stark reduzierte Lebenshaltungskosten durch die gemeinsame Bordkasse. Der Haken an solchen Zweckgemeinschaften ist die menschliche Seite.

Die hübsche Naomi James umsegelte als erste Frau nonstop die Welt. Vor so viel Mut und Entschlossenheit müssten die meisten Männer den Hut ziehen.

Uli Bombach hat's erlebt: »Mit dem besten Freund und seiner Frau um die Welt segeln? Nie wieder. Es war der absolute Horror. Die Vorbereitungen zur dreijährigen Weltumseglung gestalteten sich schon ziemlich schwierig, weil jeder von uns Männern der bessere Rechner sein wollte. Die Frauen verstanden sich in dieser Phase noch wunderbar, denn noch stand das Schiff ruhig an Land. Auf dem Mittelmeer war's dann beim ersten Mistral mit der Ruhe vorbei. Die halbe Mannschaft hing über der Seereling und kotzte. Weil ich schließlich für acht Stunden fast allein Ruderwache gehen musste, stellte ich bei der Ankunft auf Korsika die entscheidende Frage: Seid Ihr überhaupt tauglich für eine Reise um die Welt?«

Auf Malta trennten sich dann unsere Wege für eine Woche. Dann setzte man sich wieder zusammen und beschloss, die Reise bis zu den Kanarischen Inseln gemeinsam durchzuziehen. Uli erzählt: »Die ersten Atlantikwellen brachten dann das Fass zum Überlaufen. Mein einstiger bester Freund nebst Gattin verließ auf Gran Canaria geradezu fluchtartig das gemeinsame Schiff und flog nach Deutschland zurück. Dort erzählte er allen Bekannten, dass ich labil sei, wohl zu sehr dem Alkohol verfallen und auch sonst nicht in Lage, eine Segelyacht ordentlich übers Meer zu führen.« Nachzutragen gilt, dass Uli Bombach die Welt ohne Kratzer am Schiff und mit Zweier-Besatzung in drei Jahren mit Genuss umsegelt hat, und derzeit eine neue Weltumseglung plant.

Ulis Resümee: » Wenn ich eines aus den Erfahrungen der ersten Reise gelernt habe, dann dies: Verlass dich nicht auf die besten Freunde, pack die Sache selber an und segle los.«

Es gibt viele plausible Gründe, weshalb sich die besten Freunde an Bord einer Yacht anders verhalten, als an Land. Die eigenen menschlichen Schwächen zeigen sich an Bord. Aus dem rasanten Sportwagenfahrer wird plötzlich ein seekranker, unsicherer und apathischer Weichling, der nicht einmal seine Nachtwache ohne Gejammer durchsteht. Das andere Extrem sind die knallharten Sklaventreiber, die alle schikanieren, nur weil sie den Segelschein besitzen und deshalb als Schiffsführer »die Sau raus lassen«. Die ewigen Nörgler und Besserwisser sind für den Autor das Schlimmste, was einem geduldigen Schiffsführer auf einem längeren

Törn blühen kann. Mit der kinderleichten Bedienung der GPS-Geräte schwingen sich diese Gelegenheitssegler schon nach wenigen Tagen an Bord zu absoluten Segelhelden auf und kritisieren bald jede Entscheidung des Schiffsführers unter dem Hinweis: »Das könnte man auch besser machen, da fehlt die taktische Raffinesse, das kostet Zeit, warum setzt du nicht den Spinnaker.« Dass der Schiffsführer nicht nur für die Sicherheit seiner Mannschaft verantwortlich ist, sondern auch für die finanziellen Risiken, die mit einem wilden Ritt unter Spinnaker drin sind, kümmert diese Besserwisser nicht. Für sie zählt nur »Fun« und »Action« auf anderer Leute Kosten. Solche Besserwisser werden bei mir in einem ruhigen persönlichen Gespräch unter vier Augen zur Brust genommen. Wenn's nichts hilft, verlassen sie im nächsten Hafen mein Schiff. Sind Kinder ein Hemmschuh? Nach eigenen, sehr positiven Erfahrungen mit kleinen, noch nicht schul-

Bootspartie im Hafen von Tanger: Für ängstliche Eltern ist das der wahre Horror. Tatsächlich gewöhnen sich die meisten Kinder weit schneller an fremde Länder und neue Gesichter als viele Erwachsene, die hinter jedem braunen Gesicht einen Ganoven vermuten.

Schulunterricht auf Grenada: Warum sollten europäische Segler nicht für eine gewisse Zeit ihre Kinder in eine ausländische Grundschule geben?

pflichtigen Kindern, möchte der Autor zu einem zeitlich befristeten Langzeit-Urlaub raten. Schon viele Weltreisen wurden mit den »unmöglichsten« Fortbewegungsmitteln erfolgreich durchgeführt. Was halten Sie von einer 15 Monate dauernden Radtour mit dem Mountainbike und Kinderanhänger von Düsseldorf nach Indien? Oder wie sehen Sie die fahrerischen Perspektiven, wenn Ihre Reise mit dem Piaggio-Dreirad von Australien nach Österreich geht? Viel Natur erleben Sie auch bei einer 20.000 Kilometer langen Motorradtour von Alaska bis nach Feuerland mit einem Kind, das noch in Windeln schläft. Letztlich fehlt auch nicht die Schlittenhundfahrt mit Frau und Kind durch die Wüste Sahara. Da sind die zahlreichen Weltumseglungen junger Familien mit einer 35–44 Fuß großen Segelyacht doch komfortabel wie eine Kreuzfahrt mit dem Luxusdampfer. So betrachtet liegt es nur an einem selbst, wenn man Kinder hat und die ganze Familie endlich einmal für ein paar Monate vom Alltagstrott aussteigen möchte. Auch werdende Mütter zog es in die Ferne, sie brachten dort ihr Kind zur Welt und würden heute das Abenteuer wieder wagen. »Meine Mutter war nahe an einem Nervenzusammenbruch, als ich im siebten Monat zu einer mindestens einjährigen Amerika-Reise startete«, erzählt Miriam Schlegel. »Als wir zu dritt, mit neuem Freund, nach fast zwei Jahren nach Deutschland zurückkehrten, feierte uns das Dorf wie Helden.« Selbst unser Dorfpfarrer meinte: »Der Herrgott hat's gerichtet, deshalb ging alles gut.« »Mag sein, manchmal muss man solch eine verrückte Reise aber auch selbst in die Hand nehmen«, meint Miriam, die jetzt ihre nächste Tour nach Neuseeland plant. Der kleine Mike lernt fleißig Englisch, denn mit bayrisch allein kommt man höchstens bis zum Bodensee.

Wer sind die glücklichsten Menschen auf dem Wasser? Letztlich die Rentner, meint der Autor. Sie lassen es gemütlich angehen, bleiben oft wochenlang in einem schnuckeligen Hafen und freuen sich auf jedes Segelboot, das am Steg anlegt. Der Kontakt zum anderen Seglerpaar ist schnell hergestellt, denn man hilft sich beim Anlegen und gibt die nötigen Infos zum Einkaufen und dergleichen. Dann dauert es nur noch ein kühles Bier lang, bis man aus dem familiären und seglerischen Nähkästchen seine Geschichten erzählt. Der Kontakt von Mensch zu Mensch ist sicher bei der Segelei harmonischer, als in Ferienhäusern oder auch auf dem Campingplatz. Wenn einem der Stegnachbar nicht gefällt, wechselt man einfach den Liegeplatz oder den Ankerplatz. Diese selbstgewählte Unabhängigkeit schafft Freiräume, von denen Landurlauber meist nur träumen können. Für gestresste und ständig gegängelte Büromenschen ist diese selbst erlebte Freiheit ein absolut faszinierendes Erlebnis. Nicht wenige der bekanntesten Politiker und Top-Manager der wichtigsten Industriekonzerne möchten wenigstens einmal in ihrem Leben für ein paar Monate segeln gehen. Wer hindert sie daran? Oft die »Frau an seiner Seite.« Wenig schmeichelhaft brachte es ein Top-Manager zu vorgerückter Stunde auf den Punkt: »Als wir beruflich gesehen am Anfang waren, konnte ich mit meiner Frau auf den Kilimandscharo steigen, heute, wo Geld keine Rolle mehr spielt, fehlt ihr der Mut, ohne Bodyguard Shopping zu gehen.

Mit solch einer Frau ist man für den Rest seines Lebens gestraft.«

Wie gut, dass die einst so unternehmungslustige Unternehmersfrau ihren eigenen Lebensstil gefunden hat. Er segelt, sie eröffnet Vernissagen und sieht immer die gleichen Leute.

Damit wir uns nicht falsch verstehen: Man sollte niemanden zur Segelei zwingen. Andererseits bedarf es zäher Hingabe und viel Einfühlungsvermögen, manche Frauen vom »Aussteigen auf dem Wasser« zu überzeugen. Mit der Brachialmethode schafft man gegenüber seiner Partnerin nur Ressentiments. Wer als Mann seine Partnerin aufs Boot zwingt, begeht fast eine seelische Vergewaltigung. Es kommt zum Bruch der Beziehung, oder zur Trennung auf dem Boot. Deshalb schippern so viele reine Männercrews übers Wasser. Dabei ist langfristig gesehen die Mann-Frau-Besatzung die beste Mannschaft. Psychologisches Einfühlungsvermögen geht vielen Männern ab. Je früher man sich damit beschäftigt, desto erfolgversprechender ist die Sache. Denn in der Jugend sind nicht nur Frauen kompromissbereiter als im Alter. Der Autor segelt selbst seit über 35 Jahren mit seiner Uschi. Wer kennt nicht Bobby Schenk und seine Frau Carla? Oder Eric und Susan Hiscock? Alles Segler-Ehepaare, die über 40 Jahre lang zusammen mit dem Segelboot und im Leben gute und schlechte Zeiten erlebt haben. Unter dem Strich gesehen hat das Leben auf dem Wasser unvergessliche Erlebnisse und Erinnerungen bereitet, von denen man bis ans Lebensende zehren wird.

Die fast vergebliche Suche nach dem absoluten Traumschiff

Fabriktor abschließen, Bankkonto ausräumen und wegsegeln, das möchte ich mir nächstes Jahr gönnen.« Inzwischen sind fünf Jahre ins Land gezogen und mein prima Kumpel Bernd arbeitet immer noch in seiner kleinen Fabrik fast rund um die Uhr. Sein Traum vom idealen Segelschiff zum Aussteigen lässt ihn nicht mehr los. Nein, genügend Geld auf der hohen Kante ist längst vorhanden, was fehlt, ist der letzte Kick für den Ausstieg aus der Maloche. In einer stillen Minute sagt Bernd, was er wirklich fühlt: »Man hat sich einfach ans viele Geld gewöhnt. Gebe ich diese Sicherheit jetzt für drei oder vier Jahre auf, schaffe ich kaum mehr den Einstieg ins Berufsleben, denn meine Kunden haben mich dann längst vergessen und ein anderer verdient dann die gute Kohle aus meinem Geschäft. Also muss ich das ideale Schiff für uns finden und genügend Geld für die kommenden Jahre ohne Zusatzverdienst haben. Erst wenn dies alles zusammenpasst, kann ich den Ausstieg wagen.« Wer so denkt, hat es schwer mit dem Ausstieg zur rechten, zur gesunden Zeit. Mein Kumpel ist nun schon über 50 Jahre alt und seine Gesundheit ist auch nicht mehr die beste. Mehrfach war der Stress im Betrieb so groß, dass er an purer Erschöpfung schon gegen die Wand knallte oder mit schlimmen Rückenproblemen aus heiterem Himmel ohnmächtig wurde. Kein gutes Omen für die Zukunft.

Warum hängt Bernd dann zusammen mit seiner tüchtigen Frau nicht den Betrieb an den Nagel und gönnt sich für ein paar Monate oder auch Jahre die Zeit für die Regeneration von Körper und Geist? »Mein Problem sind die Erinnerungen an die miesen Jahre. Ich möchte einfach nicht den Standard meines jetzigen Lebens aufgeben. Deshalb kommt für uns nur ein Segelschiff mit mindestens 44 Fuß in Frage. Viel Licht brauche ich um mich herum und viel Platz, damit wir uns auch bei schlechtem Wetter wohlfühlen. Ich möchte nicht im »dunklen Keller« wohnen, oder in öligen Bilgen nach einem verschwundenen Gabelschlüssel suchen. Bisher hat mir noch kein Boot so richtig zugesagt, dass ich 400.000 Mark dafür ausgeben würde.« Im Gegensatz zu vielen Träumern, die mit 10.000 Mark in der Tasche jetzt und für alle Zeiten aussteigen wollen, kennt Bernd das angenehme Gefühl, viel Geld auf der hohen Kante zu haben. Leute mit viel Geld sind oft geizig bis ins Extrem.

Ob man fürs Aussteigen tatsächlich geeignet ist, muss jeder für sich selbst entscheiden. In der Regel sind die meisten erfolgreichen Langzeit-Segler weder reich noch arm. Guter sozialer Mittelstand, würde mein Bankberater wohl attestieren.

Weite Reise mit wenig Geld. Drei bewährte skandinavische Yachten im Hafen von St. Pierre auf der Insel La Réunion/Indischer Ozean. Die kleinste Yacht ist nur 8,90 m lang. Das mittlere Boot hat eine Länge von 10,80 m, und ganz außen liegt die schwarze 12,20-m-Yacht eines skandinavischen Eigners. Sie segelten von Australien über die Cooks Islands nach Réunion.

Ob mein Kumpel nun tatsächlich eine Segelyacht mit gut 44 Fuß Länge für den finalen Ausstieg braucht, sei dahingestellt. Für den Autor bereitet nach den bisherigen eigenen Erfahrungen von sieben Segelyachten schon der bloße Gedanke an die zusätzlichen Service- und Wartungsarbeiten und die geradezu explodierenden Unterhaltskosten gegenüber seiner traditionellen 38 Fuß langen Ketsch, Kopfschmerzen. Für Bernd ist das kein Problem. Er möchte für etwa 400.000 Mark eine perfekt gepflegte 44 Fuß lange Segelyacht kaufen, die nur von einem Eigner gesegelt worden ist. Eine heruntergewirtschaftete Charteryacht kommt für ihn nicht in Frage. Recht hat er aus seiner Sicht der Dinge. Die Frage stellt sich: Wo finde ich das richtige Schiff? Über Makler, Privatanzeigen in Fachzeitschriften, im Internet oder durch Mund zu Mund Propaganda? Mein Kumpel hat alles ausprobiert.

Die Suche nach seiner idealen Yacht gleicht bislang einer wahren Odyssee und hat einige 10.000 Mark an Reisespesen und dergleichen bislang gekostet. Bernd berichtet: »Mit einer fast neuen BAVARIA 43 segelten wir bei schlechtem Wetter und viel Regen von Mallorca ans spanische Festland. Ich kam mir unter Deck wie im Gefängnis vor. Solch ein dunkles Schiff wollten wir nicht kaufen, obwohl uns die Segeleigenschaften gefielen.«

An sich müsste der Gebrauchtboote-Markt Dutzende Exemplare von »helleren« Yachten offerieren. Pustekuchen! Die Suche nach einer lichtdurchfluteten, stilvollen und fahrtentauglichen Yacht ohne Mängel war schwieriger als gedacht. »Schau dir eine klassische Deck-

Gebrauchte GFK-Yachten wie die *Jeaneau Voyage 12.50* werden zu stark unterschiedlichen Preisen rings ums Mittelmeer angeboten. Als Kauf-Interessent sollte man unbedingt abklären, ob es sich um eine stark abgenutzte Charter- oder eine eignergepflegte Privatyacht handelt. Das Schiff muss vor Ort begutachtet werden, sonst erlebt man einen Reinfall 1. Klasse.

salon-Yacht einmal genauer an«, war mein Tipp. »An der spanischen Küste liegen wenigstens sechs BELLIURE ENDAURANCE 41 Decksalon-Yachten, die zum Verkauf stehen.« Bernd hat sie nach über 4000 Kilometer Fahrstrecke alle inspiziert: »Das Problem sind Osmose und die völlig überzogenen Preise für eignergepflegte Yachten.« Wieder war ein Jahr auf der Suche nach der idealen Yacht vergangen. Dann folgten eine CONTEST 41 und eine MOODY 42. Gleiches Problem wie bei der BAVARIA: Ein Leben im dunklen Keller war für ihn inakzeptabel.

Von der italienischen Mittelmeerküste zurück ins kalte Deutschland. Ein Anruf aus der Türkei kommt gerade zur rechten Zeit. Diesmal soll mit einer kaum 300.000 DM teuren AMEL SANTORIN ein richtiges Schnäppchen winken. Bernd fliegt in der gleichen Woche nach Marmaris und erlebt dort sein türkisches Wunder. »Das Schiff war technisch gesehen heruntergekommen, die viel zu dunkle Sperrholz-Inneneinrichtung verkratzt, und irgendwie roch der Kahn modrig. Als ich unter den Bodenbrettern und Vorschiffskojen nachschaute, sah ich die Bescherung. Das Schiff war offensichtlich vor einigen Monaten auf Grund gelaufen, teilweise vollgeschlagen, und selbst die Rumpf-Deckverbindung hatte, wie auch der Kiel, einen Schlag weg. Alles war dilletantisch repariert worden. Ein Sachverständiger hätte diese Yacht wohl als konstruktiven Totalverlust eingestuft. Hier sollte ich wieder einmal von einem unseriösen Geschäftsmann über den Tisch gezogen werden.«

Aufwärts ging's mit der amerikanischen HYLAS 44 aus dem Internet-Angebot. Ein schönes Liebhaberschiff, aber der Dollarkurs spurtete 1998–1999 von DM 1,62 auf fast 2 DM. Damit verteuerten sich die in den USA angebotenen Yachten glatt um 20 Prozent. Bernd meint dazu: »Die amerikanischen Segler bevorzugen größere Yachten, als wir Europäer. Entsprechend umfangreich ist das Angebot im Internet. Leider verlangen alle Anbieter die Bezahlung auf Dollarbasis und mit ständig steigendem Dollarkurs wird das Geschäft für uns immer schlechter.« Zurück in Old Europe fand Bernd nach fünfjähriger Suche endlich sein Traumschiff. Die italienische FRANCINI 45 mit Decksalon. Ein schönes Schiff. Elegant in den Linien, aber mit gut 400.000 DM für ein zehnjähriges Schiff ein relativ teurer Brocken. Der Neupreis liegt bei etwa 680.000 DM. Der bisherige Eigner hatte sich bereits eine neue Oyster 51 bestellt, und pokerte nun um jede Mark für seine bisherige Yacht, die ihm »so ans Herz gewachsen ist.« Letzten Endes gab es doch noch ein Happy End. Der bisherige Besitzer verkaufte meinem zukünftigen Segelkollegen das Schiff für 400.000 Mark einschließlich Liegeplatz für ein Jahr. Für beide Seiten zahlte sich die Bereitschaft zum Kompromiss aus, denn solvente Käufer für eine gebrauchte Liebhaber-Yacht dieser Kategorie sind längst nicht mehr so zahlreich vorhanden, wie in den boomenden Jahren zwischen 1975 und 1990, wo viele erfolgreiche Jungunternehmer sich eine Yacht als Statussymbol zulegten. Heute bekennt einer der erfolgreichsten deutschen Yachtmakler: »Die Träume sind vorhanden, aber das Geld fehlt. Der Lack ist ab, was zählt ist ein gut bezahlter Job.«

Was lernt man aus dieser gut fünfjährigen Yachtkauf-Odyssee? Geld allein reicht nicht. Die Bereitschaft zum Kompromiss muss da sein, sonst rennt die kostbare Zeit davon. Wer sich auf einen ganz bestimmten Segeltyp versteift, muss sich entweder ein neues Schiff diesen Typs gegen teures Geld bauen lassen, oder verplempert weiterhin die besten Jahre seines Lebens mit der Suche nach einer zu 100 Prozent zufriedenenstellenden Second-Hand-Yacht. Trotz einem Überangebot von gebrauchten Großserien-Yachten gleicht die Suche nach einer klassisch schönen Liebhaberyacht mit bestem »Stammbaum« der berühmten Stecknadel im Heuhaufen, wie das Beispiel meines Kumpels und einiger der bekanntesten Blauwassersegler zeigt. Von wenigen Ausnahmen abgesehen, ließen sich diese Segler nach der vergeblichen Suche nach der passenden Second-Hand-Yacht ein neues Schiff nach Maß bauen. Lieber eine Nummer kleiner, dafür aber genau so, wie man sein Traumschiff vor Augen hat. Nach der ersten langen Reise ist man um wertvolle Erfahrungen reicher. Eines weiß ich aber mit Sicherheit: Mein nächstes Schiff wird sich wieder beträchtlich vom bisherigen Idealschiff unterscheiden. (Das ist die Krux mit den Frauen und den Schiffen bei uns Männern.)

Teures Zubehör – Vor Fehlkäufen ist keiner sicher

Mit unnötigen Geldausgaben kämpft wohl jeder Globetrotter. Ob zu Lande oder übers Meer, fast alles, was zusätzliche Sicherheit verspricht, wird hemmungslos angeschafft. Zum Schluss scheitert oft die ganze Reise, weil das Geld nicht mehr zum Ablegen reicht. Als Segler ist man besonders anfällig gegen die vermeintlichen Glücksbringer der Zubehör-Industrie. Statt einer wirklich großzügigen, bestens isolierten Kühlbox mit leistungsfähigem BD-Kompressor wird für das gleiche Geld ein E-Mail-fähiges Laptop gekauft, weil man ständig mit der Heimat verbunden sein will. Dagegen ist prinzipiell nichts einzuwenden, aber die 3500 Mark fehlen bei kleineren Budgets womöglich schlicht in der Bordkasse für naheliegendere, wichtige Anschaffungen, wie die Kühlbox mit Kältespeicher, die Tag für Tag das Leben in tropischen Zonen erleichtert.
Die Liste meiner eigenen Fehlkäufe ist ellenlang und »noch längst nicht zu Ende«, meint meine liebe Frau. Hier ein paar meiner besonders dummen Ausrutscher:

- *Der 2800 Mark teure Transit-Satellitenempfänger.*

Obwohl wir schon zweimal ohne elektronische Navigationshilfen über den Atlantik gesegelt waren, kaufte ich mir spontan den damals neuesten Satellitenempfänger auf der Düsseldorfer Bootsschau. Nach dem Einbau musste ich feststellen, dass die Empfangsqualität schlicht unbefriedigend war. In den jugoslawischen Küstengewässern wartete ich oft eine Stunde lang auf einen verwertbaren Standort. Im Vergleich zu den heutigen, akkuraten GPS-Geräten war der Walker-Transitempfänger ein nerviges Spielzeug mit sehr geringem Nutzwert in Küstengewässern. Eine typische Fehlinvestition aus spontaner Kauflust.

- *Der 1000 Mark teure Inverter/Umformer.*

Umformer ermöglichen mit Hilfe einer elektronischen Schaltung den

Betrieb von 220-Volt-Geräten aus dem 12-Volt-Bordnetz. Die Sache funktioniert anstandslos für kleinere Geräte wie Laptops und Maschinen bis etwa 500 Watt Leistung. Der Nachteil wird gerne verschwiegen. Die Bordnetz-Batterie wird bei einem mehrstündigen Dauerbetrieb, wie beim Abschleifen des Teakdecks mit dem Bandschleifer, so stark beansprucht, dass die 500 Mark teure Gel-Batterie nachhaltig ruiniert wird. Hätte ich mein Deck einfach an einer Steganlage mit Stromanschluss abgeschliffen, wäre das ganze Malheur nicht passiert. Ein kleiner Viertakt-Stromgenerator wäre zweifellos die bessere Investition gewesen. Damit lassen sich am Ankerplatz Batterie laden und alle gebräuchlichen Handwerker-Maschinen betreiben.

- *Der 2000 Mark teure Wellen-Generator.*

»Batterieladung ohne Ende. Ideal für Langfahrten.« So etwa wurde mir der Wellengenerator von einem cleveren Berater aufs Auge gedrückt. Ohne dieses Wunderwerk der Technik wollte ich nicht über den Atlantik segeln. Letztlich sorgte das Gerät wochenlang für nervige Schraubengeräusche und einen Getriebeschaden bei der Ankunft auf St. Lucia. Solargeneratoren und ein Windgenerator wären nicht teurer, aber viel vernünftiger gewesen, zeigt die eigene Erfahrung – und die vieler Blauwasser-Segler – die Jahre unterwegs sind.

- *Der 3000 Mark teure Watermaker.*

Zugegeben, es gibt Situationen, wo ein Wassermacher unschätzbare Dienste leistet. Im Seenotfall kann er Leben retten. Wer im Mittelmeer oder gar an der Ostsee unbedingt einen Watermaker braucht, hat vielleicht Probleme mit seiner Törnplanung oder einem mies konstruierten Schiff mit zu geringem Tankvolumen. Steganlagen mit Wasseranschluss sind in jedem Hafenhandbuch aufgeführt und größere Wassertanks sind für zukünftige Weltumsegler ein absolutes Muss. Bei mir wurde der amerikanische Watermaker so selten benutzt, dass der Reparatur- und Serviceaufwand in keinem Verhältnis zum Nutzwert stand.

»Nur über den eigenen Geldbeutel wird man klüger«, meinte einmal eine weise Landratte. Wie aber erkennt der Segler nur bedingt, oder gar nicht langfahrtentaugliche Bordgeräte? Leider erst, wenn er

Viel Mühe und viel Geld steckt in dieser mit Teakholz aufgemöbelten älteren Yacht. Bei diesem Liebhaberschiff ist eine Besichtigung vor dem Kauf anzuraten, denn wie sieht es mit der technischen Ausstattung unter den Bodenbrettern aus? Sind Motor und Elektrik vielleicht Schrott?

längst wieder auf großer Fahrt unterwegs ist. Mein Fundus an Fehlkäufen kann beliebig verlängert werden:

- *Das 3900 Mark teure Kontrollsystem zur Windrichtung und -stärke, der Bootsgeschwindigkeit und der Tiefenmessung.*

Das Komplettsystem erfreute mich acht Monate, dann war der Ofen aus. Nicht-reparable Platinen, bzw. Systemfehler bescheinigten mir zwei Elektronikfachleute. Der deutsche Importeur war nicht in der Lage, den Fehler telefonisch und per Fax einzugrenzen. Austauschbare und damit reparable Einzelgeräte sind auf Langfahrt einfach sinnvoller, weil sich der Schaden leichter eingrenzen lässt.

- *Die falsche Windfahnen-Selbststeueranlage für 5600 DM.*

Die finnische Anlage war schlicht mit meinem 12-Tonnen-Langkieler ab fünf Beaufort überfordert. Ich verkaufte die Anlage für 3000 Mark, kaufte mir eine gebrauchte Aries für 2500 Mark und bin damit zufrieden. Der Prospekt der finnischen Anlage versprach optimale Steuereigenschaften für Yachten bis zu 18 Meter Länge. Mein Schiff ist nur 12,80 Meter lang. Was lernt man daraus? Ich hätte vorher auskunftsfreudige Eigner fragen sollen, die damals die von mir ins Auge gefasste Selbststeueranlage schon auf großer Fahrt benutzt haben.

- *Der 2900 Mark teure Petroleumherd englischer Fabrikation.*

Ein wunderschön gefertigter, nostalgischer Herd für eine klassische Yacht mit Stil. Das Problem sind die bekannten Optimus-Brenner, die nur hochwertiges Petroleum mögen, bei schlechter Treibstoffqualität aber streiken. Gerissene Lötstellen, gebrochene Düsennadeln, verschmorte Dichtungen, alles kein Problem mit den zahlreichen Ersatzbrennern für jeweils 125 DM, die wir 13 Jahre lang austauschten. Dann war Schluss. Wir kauften uns für 1500 DM einen Gasherd aus Edelstahl und seitdem ist das Problem mit dem heiß geliebten, aber serviceaufwendigen Petroleumherd ad acta gelegt.

Man könnte diese, immerhin rund 16.000 Mark teure Liste, noch mit vielen Ausrüstungsteilen erweitern, die qualitativ für meine Bedürfnisse einfach nicht genügend »seefest« oder nützlich sind bzw. waren. Diese Mehrausgaben sind stark von der Schiffsgröße abhängig. Ein Bekannter von mir ließ sich seine 44-Fuß-Yacht mit folgendem (siehe Seite 39), teilweise bestimmt benutzerfreundlichem, aber nicht unbedingt notwendigen Extras für eine Atlantiküberquerung ausrüsten, die letztlich nie stattfand.
Wie vermeidet man diese immensen zusätzlichen Kosten zur ansonsten schon sehr umfangreichen Standardausrüstung? Lassen sich Fehlanschaffungen wirklich umgehen? Ein absolut wirksames Patentrezept gibt es wohl nicht. Hilfreich sind die Erfahrungen anderer Langzeitsegler, die ungesponsert unterwegs sind. Sie erzählen in den Segelzentren, wie in der Marina von Gibraltar, gerne ihre Erlebnisse mit dem Zubehör. Fragen Sie die gleichen Segler dann nach der

■ Rigg Voll-Hydraulik	Aufpreis	DM 120.000,–
Das Standard-Rigg mit Bindereffsystem erschien ihm von der Bedienung her zu kräfte- und zeitintensiv.		
■ Bleikiel statt Eisenkiel, Tiefgang 1,90 m	Aufpreis	DM 15.000,–
Bislang lag der Tiefgang mit dem Eisenkiel bei 2,10 m.		
■ Motor 120 PS stark statt 90 PS	Aufpreis	DM 10.000,–
Mit dem stärkeren Motor fühlt sich der Eigner wohler.		
■ Alle Fenster in Nirosta-Sonderanfertigung	Aufpreis	DM 10.000,–
■ Stromgenerator 3,5 kw	Aufpreis	DM 15.000,–
■ Größerer Fäkalientank	Aufpreis	DM 7.000,–
■ Kartenplotter mit allen Disketten Adria, Ägäis		DM 7.000,–
■ Stereoanlage mit CD, wasserdichte Lautsprecher		DM 4.000,–
■ TV-Gerät und Video		DM 3.000,–
■ Kurzwellenempfänger		DM 3.000,–
■ Mikrowelle eingebaut		DM 1.500,–
■ Mastflaschenzug mit Hose für 17-Meter-Mast		DM 3.000,–
■ Schlauchboot-Dingi mit GFK-Boden + 3,5-PS-Motor		DM 4.000,–
Aufpreis zur Standardausrüstung		DM 201.500,–

Atlantiküberquerung, sieht die Welt schon anders aus. Plötzlich sind hochgelobte Extras »nicht mehr ihr Geld wert« oder »reiner Schrott«. Nach einer Weltumseglung sind alle Beteiligten geläutert. Jetzt zählt nur noch simpelste, selbst reparierbare Technik. Aller Schnickschnack fliegt von Bord.

Nach einigen Jahren an Land wechselt wieder die Stimmung. Das Hochsee-Segeln lockt wieder. Zuerst neugierig, dann richtig gierig, schaut man auf der Düsseldorfer

Bootsschau wieder nach den neuesten elektronischen Wundergeräten und anderem sündhaft teurem Zubehör. Ganz behutsam wird die liebe Gattin mürbe geklopft: »Man kann sich dem Fortschritt nicht entziehen.« »Wo bleibt man, wenn man nicht die sicherheitsrelevanten Möglichkeiten der weltweiten Kommunikation nutzt?« »Wozu soll man sich das Kreuz verrenken, wenn einem die Rollreff-Technik weiterhelfen kann, man wird ja nicht jünger, man lebt ja nur einmal.« Die Schlacht ist schon fast geschlagen. Das Spiel mit dem unnützen oder falschen Zubehör beginnt von Neuem. Vielleicht ist Segeln deshalb so schön – und so teuer.

Mit der reinen Vernunft ist es beim Autor und den meisten mir bekannten Langzeitseglern schlecht bestellt. Die ehrlichen Fahrtensegler sind sich einig, dass nur fehlende Geldmittel sie vor teuren Fehlinvestitionen am Schiff »gerettet« haben. Weil sich der Mensch in seinen Ansichten ständig ändert, verändern sich auch seine Prioritäten in der Ausrüstung. Wer einmal bei auflandigem Sturm in einer halboffenen Ankerbucht mit seiner Yacht den Morgen herbeisehnte, wird in den nächsten Tagen nicht mehr vom Mikrowellenherd an Bord träumen, sondern sich schleunigst fürs gleiche Geld einen besseren Anker anschaffen. Vorausgesetzt, er hat genügend Piepen in der Bordkasse. Vier Wochen später kann die Mikrowelle schon wieder im Kopf herumschwirren. Die Sache mit dem sicheren Anker wird gedanklich wieder ad acta gelegt. Bis zum nächsten unsicheren Ankerplatz. Wer hilft aus diesem gedanklichen Debakel? Die Frau an Deiner Seite. Sie lässt die Vernunft siegen, und wenig später steckt der neue Anker im Bugbeschlag, und der Skipper übt sich im Kochen. Nüchterner Pragmatismus hilft an Bord, obwohl das selige Träumen vom neuen Zubehör viel schöner ist.

Bootsverkauf auf schwachen Füßen

Toni ist ein gestandener Segler, 55 Jahre alt, kerngesund und seit acht Jahren stolzer Besitzer eines 42 Fuß langen Spitzgatters. Der hochseetüchtige Kutter soll nun für 150.000 DM an einen Düsseldorfer Frührentner verkauft werden, weil Tonis Frau schwer erkrankt ist. Beim Abschluss des schriftlichen Kaufvertrags liegt das Schiff noch in der Marina Sipari an der Südküste Italiens. Ende Mai soll das Schiff an den neuen Eigner übergehen. Der Frührentner aus dem Rheinland schwärmt von einer Segelpartie rund um die Welt, und überweist termingerecht 15.000 DM als Anzahlung auf Tonis Konto. Als Übergabe-Hafen wird Port Grimaud an der Côte d'Azur vereinbart. Toni mobilisiert eine Handvoll Segelfreunde und überführt seine Yacht in einem strammen Überführungstörn fast nonstop an den vereinbarten Übergabe-Hafen. Seglerisch alles paletti – nur der Käufer fehlt. Unzählige Anrufe bei ihm zu Hause, der Käufer ist nicht zu erreichen. Nach drei endlos langen Tagen erwischt Toni die Frau des zukünftigen Eigners gegen 24 Uhr. Sinngemäß wird Toni mitgeteilt: »Man wäre ja weiterhin an der Yacht interessiert, aber dazu müsste das Schiff schon ans Ijsselsmeer/Holland überführt werden. Ihren Mann könnte sie derzeit leider nicht erreichen.« Ende der Durchsage. Der Käufer hat ganz offensichtlich kalte Füße bekommen. Jetzt versucht er mit windigen Tricks sich aus dem Kaufvertrag herauszuwinden. Der Leser möge sich diese keineswegs abnormale Situation vorstellen. Im Gebrauchtwagenhandel oder im Immobiliengeschäft passieren diese Dinge fast täglich. Feste Zusagen und dann der Rückzieher wegen Geldmangels. In Tonis Fall wurde mit einem rechtsgültigen Kaufvertrag und der geleisteten Anzahlung von 10 % ein sauberes Geschäft unter Segelkameraden suggeriert. Toni verließ sich darauf und gab weiteren Kaufinteressenten eine klare Absage. Natürlich bleibt jetzt der Weg für eine

gerichtliche Klärung offen. Darüber vergehen locker 18 Monate und letztlich bleibt Toni nur die Anzahlung und der bodenlose Ärger über den geplatzten Schiffsverkauf. Mehr ist nicht drin, weil der Kaufinteressent abgehauen ist. Ausgestiegen aus seinen Verpflichtungen, ausgestiegen aus den moralischen Gepflogenheiten, die unter seriösen Geschäftspartnern an sich üblich sind. Zurück bleibt wieder einmal ein frustrierter Segelkamerad.
Leider platzen immer wieder die schönsten »Aussteiger-auf-Zeit-Träume«, weil die Kaufinteressenten der bisherigen Wohnung, des Autos oder auch der zu klein geratenen Yacht abspringen. Man bestellt sich eine neue Yacht und die alte ist noch gar nicht endgültig verkauft, wie der obige Fall zeigt. Dann wächst der finanzielle und psychische Druck so weit an, dass man selbst oder die Partnerin das Handtuch wirft. Jetzt steht die ganze Weltreise auf der Kippe. Alle Pläne aufgeben oder durchstarten? Weitermachen ist das einzig Wahre. Wer an diesem Punkt aufgibt, bereut es ein Leben lang. Auch der Autor musste an diesem Punkt schon einmal den Ärger hinunterschlucken und sich von einem Anwalt sagen lassen, dass der Kaufvertrag für ein Schiff kaum das Papier wert ist, solange nicht die ganze Kaufsumme auf einem Akkreditiv-(Anders-Konto) Konto gutgeschrieben ist, oder sofern keine anderen rechtsverbindlichen Sicherheiten notariell geleistet wurden. Eine zehnprozentige Anzahlung ist nicht viel mehr wert, als ein gewisses Kaufinteresse des zukünftigen Eigners.
Wenn es um Geld geht, sind die lieben Segelkameraden auch nur Menschen mit allen Schwächen. (Wer übrigens mehr über windige Bootskäufe wissen möchte, sollte mein Buch »Bootskauf – Aus Fehlern lernen« lesen. Es ist ebenfalls im Pietsch Verlag Stuttgart erschienen.)
Die meisten Weltumsegler verschoben ihren Abreisetermin um mehrere Wochen, gar Monate, weil das richtig bestellte Zubehör falsch geliefert wurde, die Werft geschlampt hatte, oder weil es schlicht am Geld fehlte. Da wird zum Beispiel statt der georderten Großsegel-Rollreffanlage ein Bindereff mit konventionellem Mast geliefert. Betretenes Schweigen zwischen den Verhandlungspartnern, dann der Knall. Die Weltumseglung wird fürs erste abgesagt, obwohl der gut bezahlte Job und die Wohnung

In jedem Hafen werden preislich attraktive, gebrauchte Yachten angeboten. Die englische GFK-Slup (links) sollte für 45.000 Mark verkauft werden, weil der Eigner erkrankt war und deswegen seine Atlantikfahrt ins Wasser fiel. Der tatsächliche Wert liegt bei 65.000 DM. Die rechts liegende spanische Ketsch aus Holz hat 55 Jahre auf dem Buckel und könnte ihrem Besitzer beim Verkauf gut 30.000 Mark einbringen.

längst gekündigt worden sind. Versicherungen gekündigt, Abschiedsbriefe geschrieben – alles Makulatur. Nerviges Verhandeln um eine rasche Nachbesserung fruchtet nichts, obwohl der Händler dazu verpflichtet ist. Die Werft ist nicht zu dem teuren Tausch von Mast und Segel bereit. Hat der Händler beim Ausfüllen des Vertrags gemurkst, oder hat die Werft geschlampt? Neun vertane Monate gehen ins Land, denn die Gerichte sind mit Schadenersatzklagen überlastet. Schließlich trifft man sich mehrfach vor Gericht, jeder Vergleichsvorschlag wird abgelehnt.

Nun schickt der sichtlich genervte Richter einen vereidigten deutschen Yachtexperten für über 5000 Mark zum Liegeplatz nach Spanien. Zwei Jahre sind seitdem vergangen und noch immer steht der Richterspruch aus. Unter dem Strich gesehen raubten diese unerfreulichen Auseinandersetzungen dem sympathischen Seglerpaar die Lust auf die Weltumseglung.
Was hätte man in dieser Situation besser machen können? Der Autor wäre trotz des falsch gelieferten Mastes mit dem konventionellen Bindereff losgesegelt und hätte in der Zwischenzeit über seinen Rechtsanwalt einen Wertausgleich von der Werft gefordert und wohl auch erhalten. Schließlich wurden viele Weltumseglungen mit dem bewährten aber weniger komfortablen Bindereffsystem durchgeführt. Die Erfahrung vieler Blauwassersegler zeigt nämlich: Wer sich zulange mit den Details an seinem Schiff beschäftigt, verliert unter Umständen den Mumm fürs große Abenteuer. Kein Schiff ist zu hundert Prozent vor der Abreise perfekt ausgerüstet. Der Kampf mit der Technik und der Bordkasse, dessen kann man fast sicher sein, wird bis zum letzten Tag der Weltumseglung anhalten. Wer dies nicht akzeptiert, wird die beste Zeit des Ablegens verpassen, denn ohne Egoismus und Spontaneität klappt es nicht mit dem Aussteigen. Rechthaberei ist schädlich für die eigene Psyche, darunter leidet das ganze Unternehmen.

Wenn alte Freunde plötzlich Fremde sind

Die meisten Aussteiger auf Zeit erleben schon nach wenigen Wochen eine spürbare Veränderung in sich. Die Hektik von Beruf und Karriere legt sich, man sieht alles viel lockerer und entsprechend unbedeutend erscheinen die sogenannten Probleme der Freunde in der Heimat oder der einstigen Kollegen. Die mentale Veränderung zeigt Wirkung in Briefen, die man nach Hause schreibt.
Marion hat es mit ihrer besten Freundin erlebt, die mit ihrem Freund nach Kapstadt gesegelt war: »Das ganze Gequatsche über den Stern des Südens und die Unendlichkeit der Wüste Namibias ödete mich voll an, weil es bei uns zu Hause saukalt war und mein Skiurlaub wegen Lawinengefahr platzte. Zudem interessierte sich meine beste Freundin keinen Deut mehr für die lieben Kollegen und meine Beziehungskisten. Sie war für mich nach einem halben Jahr so weit weg, wie der Mann im Mond es ist.« Ist es Neid oder auch Enttäuschung, dass die beste Freundin vorübergehend nun einfach ihr eigenes Leben lebt? Wohl beides. Die meisten Aussteiger auf Zeit erleben fast identische Verhaltensmuster bei ihren bisherigen Freunden.
Fest zugesagte Briefe werden einfach vergessen. Eine bittere Enttäuschung für jeden Langzeiturlauber, wenn wieder einmal das nächste »American Express«-Büro keine Post aus der Heimat vermelden kann. Man ruft zu Hause an, aber der Rückruf lässt oft Stunden oder Tage auf sich warten. Ein Telefonat nach Asien wird als tolle Leistung betrachtet, dabei kostet das Gespräch keine zehn Mark und ist genau so einfach wie ein Anruf über das Handy. Als Aussteiger auf Zeit sollte man die Erwartungshaltung an die Lieben in der Heimat einfach ganz niedrig ansetzen. Bei uns gilt die Devise: Wenn Ihr nichts von uns hört, dann geht es uns gut. Natürlich schreiben wir hin und wieder ein paar Briefe oder Postkarten, aber stapelweise Post, nein danke.

Man sollte niemanden dazu zwingen, den Lebensstil eines leicht flippigen Aussteigers auf Zeit gut zu heißen. Wer in der Heimat von einem tollen Roadster träumt, für den ist ein Tauchgang am Korallenriff von Moorea etwas völlig Irrationales. Elsa erinnert sich: »Unser 15-monatiger Traumurlaub mit dem Segelboot wurde von unseren besten Freunden in der Heimat als abartig, als euphorische Spinnerei oder als völlig abgehobene spätpubertäre Handlungsweise abqualifiziert.«

Deshalb sind Freundesbesuche aus der Heimat zu exotischen Ankerplätzen meist absolutes Gift für

Nicht jeder Blauwassersegler fühlt sich in »armen« Ländern richtig wohl. Der Wochenmarkt auf Haiti lockt natürlich Taschendiebe und kleine Gauner an, die hinter unserer Bordkasse her sind ...

... Auch die rustikale Straßenküche entspricht nicht ganz unseren Vorstellungen von Hygiene. Dennoch hat's klasse geschmeckt. Alles reine Gewohnheitssache eben.

die bisherigen harmonischen Beziehungen. Die Yacht wird von den bleichen Neuankömmlingen als Gefängnis empfunden, der Skipper und alte Kumpel erscheint als rüder Egoist, der nur für sich und das Schiff das Beste will. Schließlich vermittelt die Abhängigkeit, in die man zum Schiff und Skipper geraten ist, ein oft beklemmendes Gefühl von Machtlosigkeit. Gerd hat es erlebt: »Auf seinem Schiff hat unser Roland gewütet wie Kapitän Blyth auf der *Bounty*. Nichts konnte ernsthaft diskutiert werden, selbst der Landurlaub wurde von Roland diktiert. Eigentlich waren Beate und ich auf diesem schaukeligen Kahn fast immer mehr oder minder seekrank. Nach den 14 Tagen waren wir heilfroh, als uns der Jumbo von Papeete nach Los Angeles zurück brachte. Dort erholten wir uns erst einmal zehn Tage von diesem Horrortrip, der für uns und wohl auch für Roland samt Mizie absolut enttäuschend war. Frustration auf der ganzen Linie, das ist noch untertrieben.« Der mehrfache Weltumsegler Winfried Erdman hat es mit seinen damals besten Freunden ähnlich erlebt und beschrieben. Viele andere Segler mussten ähnliche Enttäuschungen einstecken, die ihre besten Freunde aus der Heimat aufs Schiff eingeladen hatten.

Auf unserem Boot gilt deshalb nach ähnlichen Erfahrungen die Devise: Alleine in der Ferne segeln, später in der Heimat gemeinsam feiern. Die Interessenslage zwischen den Aussteigern auf Zeit und den Freunden aus der Heimat verändert sich im Laufe der Abwesenheit spürbar.

Hier ein Beispiel: Weil es mir und meinem Seelenfrieden gut tut, interessiert mich beim Segeln das ganze politische Gezeter unserer Politiker keinen Deut mehr, denn letztlich hat sich in unserer fast 35-jährigen »Seglerlaufbahn« während unserer monatelangen Reisen fast nie etwas Grundlegendes in Mitteleuropa geändert. Ausnahmen waren 1989 die Wiedervereinigung und 1999 der Krieg im Kosovo. Wenn nur alle zehn Jahre etwas Bedeutendes passiert, kann man getrost alle drei Jahre für ein paar Monate den Journalistenberuf an den Nagel hängen und mit Genuss etwas Gutes für sich tun, nämlich vorübergehend aussteigen.

Mit dieser Haltung eckt man bei »rechtschaffenen« Menschen natürlich an. Das merkt man dann in den Briefen und Telefonaten mit den Freunden und Kollegen in der Heimat. Diese gegenseitige Abschottung vor den »Andersdenkenden« wird dann schnell zum Problemfall unserer bisherigen Beziehungen. Man reagiert über und beschimpft sich sogar. Dabei geht es letztlich doch einfach nur um ein bisschen Toleranz. Damit dieser gegenseitige Lernprozess softer vonstatten geht, sollte man nach unseren Erfahrungen die Kontakte zur Heimat einfach eine Weile auf Eis legen. Die Wiedersehensfreude kommt dann von Herzen und alles ist in Butter.

Torschlusspanik – Alles auf eine Karte gesetzt

Zeitungsnotiz aus dem Stuttgarter Raum: »Ex-Anwalt wird mit Haftbefehl gesucht – ehemaliger Strafverteidiger zieht die Sonne der Südsee einem Strafprozess vor.« Die Tageszeitungen sind voll von Geschichten geplatzter Träume. Aussteigen, alles hinter sich lassen, nur weg von hier? Nicht genügend Geld in der Reisekasse, dafür aber die Courage, ein kühl geplantes Verbrechen zu begehen?

Der Autor verfolgte einige dieser Kurzschlusshandlungen der letzten Monate, die allesamt im Gefängnis endeten. Hier ein typischer Fall aus einem Vorort der Schwaben-Metropole: Eine Zeitungsnotiz vom 9. 6. 1999: »Tatverdächtiger gefasst. In seiner Wohnung ist am Montag ein 24-jähriger Mann festgenommen worden, der im Verdacht steht, den Überfall auf eine Bankfiliale in Schmiden vergangenen Freitag verübt zu haben. Er hatte vier Angestellte mit einer Waffe bedroht und mehrere 10.000 DM erbeutet. In seiner Wohnung fanden die Ermittler nicht nur ein Flugticket nach Jamaika, sondern auch den Großteil der Beute. Ebenfalls festgenommen wurde die 20-jährige Lebensgefährtin des Mannes, bei der sich auch ein Teil des geraubten Geldes befand.« Vier Tage später gestand das Paar die Tat. Als Motiv gaben sie an, dass sie ein sorgenfreies Leben auf Jamaika führen wollten.

Fluchtziel Südamerika? Deutsche Behörden setzen hohe Kopfgeldprämien für Schwerverbrecher aus. Die kleinen Ganoven und Anlagebetrüger kommen meistens relativ ungeschoren aus der Sache heraus.

Daraus wird nun nichts. Wer sich ein sorgenfreies Leben auf Jamaika erträumt, kennt die dortigen teuren Lebenshaltungskosten nicht. Das geraubte Geld hätte maximal für ein Jahr gereicht. Die Täter wurden deshalb so schnell gefasst, weil die Rasterfandung der Kripo bei den Fluglinien wieder einmal griff. Die schnellsten Flüge nach Südamerika enden oft auf direktem Weg im Untersuchungsgefängnis – in unserem Fall in Stammheim.

»Mein Chef nützte mich gnadenlos aus, deshalb suchte ich nach einer Gelegenheit, es ihm zurückzuzahlen.« Leider blieb es nicht bei diesem verständlichen Wunsch. Angela B. griff über 270 Mal in die Ladenkasse ihres Optikerladens und veruntreute mehr als 170.000 Mark, bis die Sache bei einer internen Revision aufflog. Das Geld war für eine zweijährige Weltreise mit ihrem Freund bestimmt. Die 25-jährige Angela bediente sich eines Tricks, der bei bekannten Filialunternehmen schon zu Millionenschäden geführt hat. Die »Geld-zurück-Garantie« erfreut die zufriedene Kundschaft, öffnet andererseits betrügerischen Angestellten den direkten Zugriff in die Ladenkasse. Angela »produzierte« Rückgabequittungen mit gefälschten Unterschriften aus der Kundenkartei und fiktiven Garantie-Auszahlungen. Über ein Jahr lang recherchierte die Geschäftsleitung nach der Ursache für den offensichtlichen Kassenschwund und wurde schließlich mit Hilfe der Kripo fündig. Vielleicht kommt die geständige und bislang völlig unbescholtene Angestellte mit einer saftigen Geldstrafe statt einer langjährigen Haftstrafe davon. Auf Betrug und Urkundenfälschung drohen bis zu fünf Jahre Haft.

In einem der größten Stuttgarter Kaufhäuser entstand Mitte 1999 ein Schaden über einige hunderttausend Mark. Bei der Inventur flog der ganze Schwindel auf. Der betrügerische Kassierer entwischte noch rechtzeitig vor seiner Festnahme, er soll sich derzeit in indonesischen Gewässern mit seiner gleichsam abwesenden Freundin aufhalten. Die bekannten Kaufhaus-Konzerne rechnen nach einer internen Studie mit zwei Prozent Schwund in der Ladenkasse durch ungewollte Fehlbuchungen und betrügerische Manipulationen von Angestellten. Die interne Studie belegt auch weiter, dass selbst gutbezahlte Abteilungsleiter es nicht so genau mit der Ehrlichkeit nehmen. Der unscheinbare Storno-

Schlüssel verfehlt seine Wirkung nicht.

Minutiös plante auch eine intelligente Dame ihren Ausstieg aus der Bankenszene. Mit über 600.000 Mark in der Bordkasse lässt es sich in der Karibik schon ein Weilchen aushalten. »Täter gefasst, Geld bleibt verschwunden.« Hinter dieser Schlagzeile verbirgt sich eine Beziehungskiste zwischen der 38-jährigen, attraktiven Leiterin einer Bankfiliale im Messezentrum einer deutschen Landeshauptstadt und einem feurigen Kolumbianer. Die große Liebe im sonnigen Kolumbien setzt natürlich ein ausreichendes Startkapital voraus. Mit einem vorgetäuschten Überfall und Geldraub würden sich alle Probleme auf einen Schlag lösen. Nach einer mindestens zweijährigen Planungsphase entschied sich die tüchtige Filialleiterin, nun zu handeln. Am 25. Oktober 1998 war es dann soweit. Bei der umsatzstärksten Messe des Jahres lagerten 620.000 DM in der Kasse dieser kaum 30qm großen Bankfiliale. Eine erstaunliche Summe, die Sabine B. und ihr Komplize François F. (Namen geändert; d. A.) nun abziehen wollten. Kurz nach Ausstellungsschluss drang François in den Kassenraum ein und fesselte ordnungsgemäß seine Komplizin. Dann packte er die 620.000 Mark in eine Tasche und suchte das Weite. Sabine B. wartete nun die Dinge ab und ließ ihrem kolumbianischen Komplizen genügend Vorsprung zur Flucht mit dem Geld nach Italien, wo seine Mutter lebt. Nach siebenstündigem »Martyrium« konnte sich Gudrun endlich von den Fesseln befreien. Über ihr Handy alarmierte sie die Polizei. Dabei unterlief ihr leider ein klitzekleiner Fehler in dem ansonsten fast perfekten Plan: Sabine rief mit dem Handy zuerst ihren Liebhaber in Italien an, und erst danach die Polizei zu ihrer »Rettung«. Weil sich jedes Handygespräch über Monate hin rückverfolgen lässt, stand die Beweisführung für den Staatsanwalt auf sicheren Beinen. Sabines Lover François versteckte 130.000 DM in der elterlichen Wohnung in Italien. Dort wurde es von der Kripo entdeckt und François legte nach einigen Wochen Untersuchungshaft ein umfassendes Geständnis als Kronzeuge der Anklage zur Strafminderung ab.

Wo bleibt nun der Rest des Geldes, fast über eine halbe Million? Der Staatsanwalt vermutet Schlimmes. Für die nächsten vier Jahre und neun Monate sitzt Sabine B. nun im Frauengefängnis. François F. kam als Kronzeuge der Anklage mit einer zweijährigen Haftstrafe mit Bewährung davon. Das Ende dieser turbulenten Aussteiger-Beziehung ist offen. Ob der Mann Sabines Träume nach der Haftentlassung noch immer mit ihr teilen will, bleibt abzuwarten. Mit 490.000 Mark im Sack lässt es sich in Kolumbien herrlich leben, und die dortigen Mädels sind auch nicht zu verachten.

Um über 50 Millionen Mark betrogen drei fixe Hobby-Segler vom Bodensee etwa 100 geldgierige Anleger aus Polen, den USA und Deutschland. Sie wurden mit Renditen von fünf bis 50 Prozent pro Monat geködert. Dass derartig hohe Gewinne nur über äußerst riskante Warentermin- oder Optionsschein-Geschäfte gelegentlich möglich sind, verschwieg das Trio wohlwissend. Wie es in Anlage-Betrügerkreisen so üblich ist, zahlte man in den ersten Monaten mit frischem Geld die versprochenen Gewinne aus. Die Anleger rochen nun den großen Reichtum und schoben aus eigenem Antrieb noch die letzten Ersparnisse nach. 50 Millionen DM sind aktenkundig. Wie hoch die tatsächliche Summe ist, lässt sich nur vermuten, denn ein Großteil der Kunden möchte wohl wegen des Verdachts von Schwarzgeldern oder sonstigen dunklen Geschäften lieber unerkannt bleiben. Die Schadenssumme wird auf mindestens 75 Millionen DM geschätzt.

Wurde das Geld tatsächlich an der Warenterminbörse eingesetzt? Mitnichten, in Wirklichkeit wurde keine einzige Mark an die Börse gebracht. Es floss wohl auf Nimmerwiedersehen ins Ausland. Das schon klassische Schneeballprinzip hatte wieder einmal glänzend funktioniert. Vor Gericht bekannte einer der drei Angeklagten: »Unser Trick war ganz einfach. Wir erklärten der Kundschaft, dass alle Gelder bis zu 500.000 Mark gegen Betrug versichert sind!« Das betrügerische Trio hatte nur ein Ziel vor Augen: Abkassieren und dann auf Weltreise gehen. Eine Motoryacht für 5 Millionen Mark sollte den Ausstieg verschönern. Jetzt sitzen alle drei relativ sicher im Gefängnis. Wie die Verhandlung zeigte, wird zumindest ein Teil der betrogenen Anleger ihre Ersparnisse mit allen Mitteln eintreiben. So gesehen ist der deutsche Knast eine Oase der Ruhe.

Die Geldgier ist grenzenlos. Diese Erkenntnis machte sich auch ein

württembergischer Segler zunutze, der die Träume und Wünsche seiner schwäbischen Landsleute genau zu kennen glaubt. Die Schlagzeile in der Tagespresse verkündet Schlimmes: »Traum von Karibik und böses Erwachen. Anleger um 1,2 Millionen Mark geprellt.« Bungalows in der Karibik wollten die Kunden bei dem 39 Jahre alten Andreas D. (Name geändert; d. A.) kaufen. Doch der steckte das Geld in die eigene Tasche. In 20 Monaten soll der Mann die Anleger um mindestens 1,2 Millionen Mark betrogen haben. Hier handelt es sich um einen raffiniert eingefädelten Plan eines Teilzeitaussteigers, dessen Hobbies Segeln und das Geschäftemachen sind.

Bescheidene Fahrtenyacht oder Luxusdampfer? Manche mögens klotzig. Die Sonne Floridas erscheint deutschen Ganoven immer wieder als lohnendes Ziel. Das Risiko, alles wieder zu verlieren, ist dort mit Sicherheit höher, als in Mittel- oder Südamerika und auf einer der karibischen Inseln.

Bei einem Segelurlaub in der Dominikanischen Republik hatte Andreas D. die attraktive Bungalow-Siedlung eines britischen Timesharing-Unternehmens gesehen. Er fotografierte die Anlage von allen Seiten, und bastelte dazu schöne Verkaufsunterlagen mit dem hoch-

trabenden Namen »Caribic-Exclusiv-Immobilien-GmbH.« Weil Schwaben sparsame Leute sind und sich alles rechnen muss, diente das journalistisch sauber konzipierte *Wirtschaftsmagazin Stuttgart* als Steigbügel für das Geschäft mit der Bungalow-Siedlung. Dass Andreas D. der Verfasser beider Druckwerke war, fiel den wenigsten Interessenten auf. Vor Gericht zeigte sich dann, dass nicht ein einziges Sandkorn Andreas D. gehörte. Andreas D. meinte vor Gericht: »Die Kunden haben mir das Geld zwar nicht aufgedrängt, aber ständig hat das Telefon geklingelt.«
Bis zu 100.000 Mark bezahlten die profitgierigen Bungalow-Interessenten in bar oder per Überweisung. Unter dem Strich bunkerte Andreas D. über 1,2 Millionen DM, bevor er im März 1998 nach Spanien flüchtete und bald darauf in einer südspanischen Marina verhaftet wurde. Von dem erschlichenen Geld wurden noch 350.000 Mark auf einem Schweizer Konto sichergestellt. Der Rest soll für Werbungskosten, Fahrten und Provisionen

Der Traum vom unbeschwerten Leben auf einer tropischen Inseln ist schnell ausgeträumt, wenn man die Realitäten vor Augen hat. Dieser Bretterverschlag ist ein Supermarkt. Möchten Sie hier auf Dauer leben?

ausgegeben worden sein. Für die nächsten drei Jahre werkelt der smarte Andreas übrigens im Stammheimer Knast. Auch dieser Traum vom unbeschwerten Leben auf Kosten dummer Anleger ist ausgeträumt. Keiner der Anleger hatte das Grundstück und die angeblich vor der Fertigstellung befindlichen exklusiven Bungalows mit eigenem Yachthafen vor Ort besichtigt. Dann wäre der Schwindel gleich aufgeflogen, denn kein Bagger bewegte sich dort. Das »Yasica Beach Resort« war, wie das Stuttgarter Landgericht feststellte, in Wirklichkeit nur Ödland. Der zu Beginn des Kapitels angeführte Staranwalt lebte offensichtlich über seine Verhältnisse. Der neueste Jaguar zierte die Garage, und was sonst noch dazu gehört. Mandantengelder sollen von ihm zu dubiosen Spekulationen veruntreut worden sein. Dafür bekam der promovierte Jurist wegen Betrugs und Untreue eine 15-monatige Bewährungsstrafe vom Amtsgericht Stuttgart verhängt. Seine oft millionenschweren Mandanten fühlten sich im Rotlicht-Milieu zu Hause. Eine schillernde Persönlichkeit in jeder Beziehung, die einfach nicht mit dem Leben zurecht kam. Jetzt flüchtete der selbsternannte Staranwalt nach Malaysia und wird dort mit einem internationalen Haftbefehl gesucht. Ob ihn seine nicht zimperlichen schwäbischen Geschäftspartner allerdings dort in Ruhe lassen, bleibt abzuwarten. Veruntreutes Geld tut doppelt weh. So sehr ich nur jedem meiner Leser raten kann, für sich selbst einmal zu prüfen, ob nicht ein Ausstieg auf Zeit ein wichtiges Plus an Lebensqualität sowie körperliche, seelische und geistige Regeneration bedeuten könnte, so sehr kann ich nur davor warnen, plötzlich in Torschlusspanik zu verfallen und es mit Biegen und Brechen, geschweige denn mit illegalen Mitteln zu versuchen.

Das Sabbatical dient dazu abzuspannen, sich zumindest einmal eine sinnvoll-lange Auszeit zu gönnen. Diese Abnabelung vom bisherigen Leben kann aber nur funktionieren, wenn man sie gut plant und vorbereitet, und sie legal sowie finanziell und moralisch sauber vollzieht. Alle offenen Fragen und ungelösten Probleme und Konflikte nimmt man sonst selbst auf die einsamste Insel mit sich, oder man wird von ihnen über kurz oder lang eingeholt – garantiert. Das zeigen nicht nur die Beispiele in diesem Kapitel.

Weniger ist manchmal mehr

Mit einem schnellen Coup hat schon mancher Aussteiger seine Reisekasse aufgebessert. Zwei berühmte deutsche Weltumsegler ließen ihre Werft auf dem Trockenen sitzen und verschwanden mit dem neuen Boot in Richtung Süden. Einer der bekanntesten deutschen Weltumsegler stottert heute noch sein zu groß geratenes Traumschiff ab. Seine Weltumseglung liegt nun fast 12 Jahre zurück. Hat sich dies alles wirklich gelohnt? Ein anderer bekannter Weltumsegler zieht südamerikanische Länder als Aufenthaltsort vor, weil es da gegen Wirtschaftsflüchtlinge kein Auslieferungsverfahren gibt. Seine Yacht wurde längst versteigert, aber die Schulden bleiben noch 30 Jahre erhalten. »Ständig auf der Flucht vor seinen Gläubigern, da hängt dir die Segelei so zum Hals heraus, dass du dir ernsthaft überlegst, Dein Schiff zu versenken und die Versicherungsprämie zu kassieren.« Dies erzählt ein mehrfacher Weltumsegler, der inzwischen seine Finanzen auch ohne Versicherungsbetrug ins Reine gebracht und wieder Spaß am Langstreckensegeln gefunden hat. Eine rühmliche Ausnahme. Die meisten finanziell gestrandeten ehemaligen Langzeit-Segler sind sang- und klanglos in der Versenkung verschwunden. Ausgepowerte frustrierte Besserwisser, echte Versager ohne Perspektive. Vernünftigere Langzeit-Segler backen kleinere Brötchen, segeln nicht um die ganze Welt, lassen sich nicht als Held der Meere feiern und sind glücklich damit, dass sie auch nach 25 Jahren immer noch den größten Spaß am zeitweiligen Aussteigerleben haben.

»Der Rhythmus zwischen Arbeiten, Aussteigen und den Finanzen muss stimmen, dann hat man sein persönliches Glück gefunden«, meint Ewald, der mit seiner über 20 Jahre alten DEHLER VARIANTA bei geringsten Unterhaltskosten übers Mittelmeer segelt. Seine Erfahrungen decken sich mit den über 30-jährigen Segel- und Aussteigererfahrungen des Autors: Die meisten Aussteiger auf Zeit möchten alles, wovon sie träumen, in ihr Schiff hineinpacken. Beispiele dafür gibt es genug. Da werden zwei Fahrräder, ein Di-Blasi-Klappmoped, ein segelbares Kunststoffdingi und ein Surfbrett auf das zehn Meter lange Boot verladen. In der Backskiste lagert noch ein Schlauchboot samt Außenborder, damit man auch kleinere Buchten erkunden kann. Vergessen wir nicht das angeblich so wichtige elektronische Navigationszeug, das die Seefahrt sicherer machen soll. Letzten Endes schleppt dieser Typ eine Schiffsladung voll Schrott übers Meer, nur weil er auf nichts verzichten will. Das Ergebnis ist bekannt: Ein überladenes Boot, stark eingeschränkter Lebensraum und viel unnütze Arbeit mit dem rostanfälligen Zeug. Zählt man die schönsten Stunden zusammen, die kleinen »Keep it simple«-Aussteiger-Yachten im Vergleich zu den rund acht bis zehn Mal so teuren Luxusyachten von Managern mit viel Geld aber wenig Zeit unter Segeln tatsächlich verbringen, dann schneiden die kleinen Segelboote in der Regel eindeutig besser ab. »Lebensfreude auf dem Wasser ist keine Frage der Bootsgröße«, meint Ewald mit seiner praktisch, aber reichlich spartanisch ausgerüsteten

Ein glücklicher Rentner und Aussteiger, der mit seinem gebraucht gekauften Motorsegler am Mittelmeer zufrieden ist. Kein Luxus, aber ein bezahlbares Heim auf dem Wasser.

Ein Witzbold schrieb aufs Heck: *Titanic*. Der Traum ist ausgeträumt mangels Energie und Kasse. Eine Nummer kleiner wäre vieles einfacher gewesen.

VARIANTA, die er für 12.000 Mark gebraucht erstanden hat. Wie viel Luxus an Bord tatsächlich fürs persönliche Wohlempfinden nötig ist, muss individuell jeder für sich selbst entscheiden. Alles eine Frage der finanziellen Balance. Reicht das Geld für ein 13 Meter langes Schiff und dafür nur ein Vierteljahr Urlaub? Oder wäre die Alternative ein deutlich kleineres Boot um die neun Meter und dafür noch genügend Geld in der Bordkasse für einen einjährigen Langzeiturlaub? Der Autor würde das kleinere Boot trotz des deutlich geringeren Komforts vorziehen. Nur wer in jüngeren Jahren spartanisch an Bord einer kleinen Yacht gelebt hat, genießt später im Alter die unbestreitbaren Vorteile einer so richtig komfortablen Yacht von etwa 14 Meter Länge. Weil sich so manche zukünftige Langzeit-Segler mit einer Neun-Meter-Yacht nicht zufrieden geben wollen, warten sie zeitlebens auf ein finanzielles Wunder und verpassen dadurch die schönsten Jahre ihres Lebens. Das Glück auf dem Wasser ist keine Frage der Bootsgröße, sondern der inneren Einstellung.

Diesen Sommer paddelte und segelte ein grauhaariger Kajakfahrer den Neckar hinunter. Sein 15 Jahre altes, aber sehr gut gepflegtes Zweierkajak war bis an den Süllrand mit Camping-Equipment vollgepackt. Kein alltäglicher Anblick auf einer deutschen Wasserstraße, auf der Binnenfrachter unterwegs sind. Das handgenähte Treibsegel brachte Mann und Boot mit drei Knoten Fahrt zur nächsten Schleuse. Dort fragte ich nach dem Woher und Wohin. Gerd ist 65 Jahre alt, Ex-Seemann und seit acht Jahren zwischen Anfang Mai und Ende Oktober mit seinem Kajak unterwegs: »Wenn mir die Sonne im Frühjahr ins Bett scheint, hält mich nichts mehr in Düsseldorf. Da packe ich meine Sachen, und ab geht die Post.« Die nächsten sechs Monate lebt Gerd auf und neben dem Wasser: »Die schönsten Flusslandschaften Deutschlands und Europas erlebt man nur im Kajak. Da stört dich kein Bauer, kein Polizist und erst recht nicht einer von diesen selbsternannten Umweltschützern, wenn du an der Uferböschung Dein Zelt aufbaust und den Abend genießt. Niemand sieht dich, niemand hört dich und niemand wird von mir belästigt. Diese Stille, diese friedliche Ruhe entschädigt mich für alles. Manche Tage kannst du abhaken. Da stinkt dir der Regen, die Kälte und der Stress mit dem Geld.« Von was träumt dieser kerngesunde Lebenskünstler? »Wenn ich alles Geld der Welt hätte, würde ich mir einen 20 Meter langen Kümo ausbauen und damit um die Welt dampfen. Weil mir der reiche Onkel aus Amerika fehlt, paddle ich, solange es geht, die kleineren sauberen Flüsse in Europa ab. Da gibt es noch viel Schönes zu sehen und wenn's gut läuft, lädt mich der nächste Schleusenmeister vielleicht zu einem Bierchen ein.«

Wer so denkt, hat seinen Frieden mit sich und seinem Leben gefunden. Schön, dass es noch immer solche bescheidenen, sympathischen Zeitgenossen gibt, die nicht im Alter in Lethargie verfallen und ohne persönliche Perspektiven dem Friedhof entgegendämmern. Auch auf dem Wasser bewahrheitet sich also der oft zitierte, in unserer Konsumgesellschaft aber gerne unbeachtet bleibende Spruch, der diesem Kapitel vorangestellt ist: Weniger ist manchmal mehr.

Unterhaltszahlung »vergessen«

Gerichtsvollzieher auf verlorenem Posten

Nach der Statistik der Jugendämter verweigern derzeit etwa 800.000 Väter die Unterhaltszahlungen an ihre Kinder. Weitere 780.000 Väter zahlen nur unregelmäßig oder zu wenig. Allein im Stuttgarter Raum sind die Beamten der Unterhalts-Vorschusskasse mit 1500 laufenden Fällen beschäftigt. 75 Prozent der Antragsstellerinnen leben jetzt schon von der Sozialhilfe. Eine traurige Statistik, meint der Autor.

Warum bezahlen die Väter nicht? Die eine Hälfte ist selbst mittellos, die andere Hälfte verweigert aus Boshaftigkeit oder Rache die Zahlungen, bei etwa 15 Prozent ist der Aufenthaltsort nicht mehr bekannt. In allen drei Fällen muss die Mutter das Jugendamt über die Verhältnisse informieren. Ohne juristischen Beistand lässt der Staat Mutter und Kind ab dem 12. Lebensjahr allein im Regen stehen. Dann enden die Unterhaltszahlungen von staatlicher Seite, die eh nur zwischen 200 und 400 Mark im Monat betragen. Nur mit einem gerichtlichen Beschluss besteht Hoffnung für Mutter und Kind, dass irgendwann einmal in den nächsten 30 Jahren der Vater zur Kasse gebeten werden kann. Den meisten Müttern geht dies alles so auf die Nerven, dass sie auf ihre berechtigten Forderungen freiwillig verzichten. Damit rechnen nicht wenige Väter, die als vermeintlich clevere Aussteiger in Wirklichkeit echte Schweine sind.

Es gibt noch einen weiteren Aspekt, der zahlungssäumige Vater hoffen lässt, ungeschoren davonzukommen: Im Ernstfall dauert es nämlich oft Monate, sogar Jahre, bis ein Gerichtsvollzieher vor der Tür steht, um den verweigerten Unterhalt einzutreiben. Da sind gewiefte Ausreißer längst über alle Berge und auf hoher See. Muss dies sein? Hier ein Beispiel: Das Amtsgericht Halle/Saale in den neuen Bundesländern hatte 1993 für einen Bezirk von fast 500.000 Einwohnern nur einen fest angestellten und zwei behelfsmäßig ausgebildete Gerichtsvollzieher. Kein Wunder lag hier der Bestand

Auszug aus dem Bürgerlichen Gesetzbuch.

§ 170[33] Verletzung der Unterhaltspflicht. (1) Wer sich einer gesetzlichen Unterhaltspflicht entzieht, so daß der Lebensbedarf des Unterhaltsberechtigten gefährdet ist oder ohne die Hilfe anderer gefährdet wäre, wird mit Freiheitsstrafe bis zu drei Jahren oder mit Geldstrafe bestraft.

(2) Wer einer Schwangeren zum Unterhalt verpflichtet ist und ihr diesen Unterhalt in verwerflicher Weise vorenthält und dadurch den Schwangerschaftsabbruch bewirkt, wird mit Freiheitsstrafe bis zu fünf Jahren oder mit Geldstrafe bestraft.

§ 171 Verletzung der Fürsorge- oder Erziehungspflicht. Wer seine Fürsorge- oder Erziehungspflicht gegenüber einer Person unter sechzehn Jahren gröblich verletzt und dadurch den Schutzbefohlenen in die Gefahr bringt, in seiner körperlichen oder psychischen Entwicklung erheblich geschädigt zu werden, einen kriminellen Lebenswandel zu führen oder der Prostitution nachzugehen, wird mit Freiheitsstrafe bis zu drei Jahren oder mit Geldstrafe bestraft.

an Rückständen bei 15.000 Fällen. Setzt man 20 zu bearbeitende Vollstreckungen pro Tag und Gerichtsvollzieher an, würden 250 Arbeitstage oder ein volles Jahr verstreichen, ehe ein Schuldner den Gerichtsvollzieher sieht. Weil 20 Vollstreckungen kaum zu schaffen sind, erfreuen sich viele Schuldner im sonnigen Süden am fußkranken Amtsschimmel. Im Amtsgericht Halle konnten einige Vollstreckungsaufträge von Dezember 1991 bis Ende Juli 1993 noch nicht bearbeitet werden. Zwischenzeitlich hat sich die Situation eher noch verschlechtert, weil im Justizapparat an allen Ecken und Ende gespart werden muss.

Das Amtsgericht Merseburg schrieb im Mai 1995 einem Anwalt: »Monatlich gehen durchschnittlich bis zu 1500 neue Zwangsvollstreckungsaufträge ein, was einen Personalbestand von mindestens sechs Gerichtsvollziehern rechtfertigen würde. (...) Bearbeitungszeiten von bis zu einem Jahr, in Einzelfällen auch länger, sind leider unvermeidlich. (...) Laut der von mir geschilderten Umstände beim Amtsgericht Merseburg sind zur Zeit etwa 9000 unerledigte Zwangsvollstreckungsaufträge anhängig.« Auch im Westen Deutschlands steht es nicht zum Besten, weil die Welle der Firmenpleiten noch immer nicht abschwellen will. Gerichtsvollzieher

A. Kindesunterhalt

Nettoeinkommen des Barunterhaltspflichtigen (Anm. 3, 4)	Altersstufen in Jahren (§ 1612a Abs. 3 BGB)				Vomhundertsatz	Bedarfskontrollbetrag (Anm. 6)
	0–5	6–11	12–17	ab 18		
1. bis 2400	349	424	502	580	100	1300/1500
2. 2400–2700	374	454	538	621	107	1600
3. 2700–3100	398	484	573	662	114	1700
4. 3100–3500	423	514	608	702	121	1800
5. 3500–3900	447	543	643	743	128	1900
6. 3900–4300	471	570	677	783	135	2000
7. 4300–4700	496	603	713	824	142	2100
8. 4700–5100	524	636	753	870	150	2200
9. 5100–5800	559	679	804	928	160	2350
10. 5800–6500	594	721	854	986	170	2500
11. 6500–7200	629	764	904	1044	180	2650
12. 7200–8000	664	806	954	1102	190	2800
13. über 8000	nach den Umständen des Falles					

Die »Düsseldorfer Tabelle« qualifiziert die monatlichen Zahlungs-Verpflichtungen unterhaltspflichtiger Väter.

haben Hochkonjunktur und fühlen sich selbst als die Betrogenen. Ausgetrickst vom System her.
Wechselt der Schuldner den Wohnsitz, fängt das Spiel von vorne an, mit neuem Amtsgericht und neuem Gerichtsvollzieher. Eine Dienstaufsichtsbeschwerde gegenüber dem zuständigen Amtsgericht und seinem Gerichtsvollzieher ist pure Zeitverschwendung, wie ein bekannter Rechtsanwalt, der auf diesem Weg versuchte, die Ansprüche seiner Mandantin schneller durchzusetzen, aus Erfahrung weiß.
Kein Wunder also, dass zahlreiche Rabenväter mit Segelschein sich gut gelaunt auf ihr Boot und damit auf Langfahrt begeben. Doch zum Glück gehen nur wenige dieser scheinbar so cleveren Rechnungen auf.
Mein Segelkumpel Uli ist ein prima Kerl. Weniger schön aber ist, was er sich in der Vergangenheit geleistet hat. Da ließ er seine Freundin mit dem Baby im Stich und segelte einfach auf und davon. Kein Geld für die Traumfrau von einst und auch kein Geld für den kleinen Markus, der von ihm gezeugt wurde. »Eine Riesensauerei ist das!

Wer keine Unterhaltszahlungen leistet und einfach abhaut, gehört in den Knast«, meint der Mitarbeiter vom Jugendamt und füllt einen neuen Strafantrag gegen einen säumigen Zahler aus.
Können abgebrannte Männer, die ihren Unterhaltszahlungen nicht mehr nachkommen, tatsächlich in den Knast kommen? Anwalt Alexander Dammann, Schorndorf, nennt Ross und Reiter: »Bei Unterhaltspflichtverletzungen sieht das Gesetz nach § 170 StgB Freiheitsstrafen bis zu drei Jahren vor.« Der Wortlaut von § 170: »Wer sich einer gesetzlichen Unterhaltspflicht entzieht, so dass der Lebensbedarf des Unterhaltsberechtigten gefährdet ist, oder ohne die Hilfe anderer gefährdet wäre, wird mit Freiheitsstrafe bis zu drei Jahren oder mit Geldstrafe bestraft.« Wer seine schwangere Freundin einfach sitzen lässt und das arme Mädel zum Schwangerschaftsabbruch in ihrer Not treibt, kann nach §170 (2) mit einer Freiheitsstrafe von bis zu fünf Jahren, oder einer Geldstrafe belegt werden. Der Wortlaut von §170 (2): »Wer einer Schwangeren zum Unterhalt verpflichtet ist, ihr diesen Unterhalt in verwerflicher Weise vorenthält und dadurch den Schwangerschaftsabbruch bewirkt, wird mit Freiheitsstrafe bis zu fünf Jahren oder mit Geldstrafe bestraft.«
Nicht geleistete Unterhaltszahlungen werden tatsächlich wie ein Kapitalverbrechen verfolgt. Wer erwischt wird und keinen ständigen Wohnsitz in Deutschland nachweisen kann, wird inhaftiert.
Mein Segelkumpel Uli fiel aus allen Wolken, als ihm die Beamten vom Flugplatz in Frankfurt bei der Wiedereinreise nach Deutschland den Pass abnahmen, Handschellen anlegten und ihn mit der Grünen Minna ins Untersuchungsgefängnis brachten. Da saß er nun volle 14 Tage, mitten unter Knastis. Sein Kommentar: »Wenn Dich die Vergangenheit einholt, war der schönste Segelurlaub voll für die Katz.«
Nicht wenige Aussteiger auf Zeit segeln über die Meere, weil sie den Stress mit den Alimente-Zahlungen leid sind. Eine nachvollziehbare Entscheidung, die früher oder später oft im finanziellen und meist auch persönlichen Kollaps endet. Gestrandete Existenzen, häufig wegen nicht erbrachter Unterhaltszahlungen. Der Anwalt meint: »Der Schuldenberg wächst unaufhaltsam in die Höhe, denn erst nach 30 Jahren werden zivilrechtliche ›Titel‹ (Forderungen)

nicht mehr vom Staat verfolgt. Da sammelt sich mit Zinsen und Zinseszinsen weit mehr Geld an, als man durch regelmäßige Unterhaltszahlungen an sich zu bezahlen hätte.«
Die Düsseldorfer Tabelle zeigt die vom Gericht verfügte Staffelung der Unterhaltszahlungen fürs Kind, bezogen auf die jeweiligen Einkommensverhältnisse des Vaters. Bei einem Nettoeinkommen von 2400 DM muss der Partner derzeit 355 DM (Stand Juli '99) für sein Kind unter fünf Jahren an die Mutter überweisen. Aus falscher Scham heraus verweigern ledige Mütter oft die Namensnennung des Vaters ihres Kindes. Die Frau hofft immer noch auf die Hilfe ihres Geliebten. Meist endet diese

Sozialer Abstieg. Viele Aussteiger versuchen ihr herunter gewirtschaftetes Boot viel zu spät verkaufen. Das Aussehen und der Zustand der Yacht lassen Rückschlüsse auf den Besitzer zu. Dies schreckt wohl jeden liquiden Interessenten ab.

Phase letztlich beim zuständigen Jugendamt, weil das Geld hinten und vorne nicht reicht. Das Jugendamt stellt für die ledige Mutter und ihr Kind nur dann Unterhaltszahlungen in Aussicht, wenn die Mutter zu Aussagen über den Vater bereit ist. Das kann auch bis zu 18 Jahre nach der Geburt des Kindes sein.

Die Gerichte sind mit Vaterschaftsklagen vollgepackt. In der Praxis erwirkt das Jugendamt zuerst einen rechtskräftigen zivilen Titel zwecks unterlassener Unterhaltszahlungen gegenüber dem Vater/Schuldner. Dieser Titel kann nicht vollstreckt werden, wenn der Vater abgehauen ist. Das Gericht ordnet nun gegen den Schuldner die Eidesstattliche Versicherung, besser bekannt als Offenbarungseid, an. Wegen Abwesenheit des Schuldners wird der Antrag auf Verhaftung eingereicht. In allen Mittelmeer-Anrainerstaaten und den EU-Ländern ergeht nun ein internationaler Auslieferungsantrag, sofern der Aufenthaltsort des Casanovas bekannt ist. Ein Segelkamerad des Autors wurde auf der idyllischen Reede vor Faro/Portugal von seinem Schiff weg verhaftet, weil er zwei Jahre lang keine Unterhaltszahlungen mehr geleistet hatte. Wer auf die Vergesslichkeit deutscher Beamten hofft, oder die fast offenen Landesgrenzen zwischen Deutschland und seinen Nachbarländern als unauffälligen Schleichweg nutzt, kommt in den Knast. Mit einer bis zu sechsmonatigen Beuge- oder Erzwingungshaft werden säumige Schuldner in die Zange genommen, sofern sie vom Gerichtsvollzieher oder den Grenzern erwischt werden. Wie schnell die Mühlen des Gesetzes arbeiten, kommt auf die Umstände an. Diejenigen, die erfolgreich durchs Fahndungsnetz rutschen, werden sich vor Selbstzufriedenheit wohl auf die Schultern klopfen. Ich vermute aber, dass es den anderen, die letztendlich zur Übernahme ihrer Verpflichtungen vom Staat gezwungen werden konnten, im Nachhinein lieber gewesen wäre, sie hätten sich ihrer Verantwortung von Anfang an freiwillig gestellt.

Wie aus kleinen Schulden große Schulden werden

Früher oder später wird wohl jeder brave Bürger ein Schuldner seiner Stadt. Vom nicht bezahlten Strafzettel für falsches Parken, bis zu millionenschweren Forderungen wegen nicht beglichener Gewerbesteuern reichen die Forderungen der Stadtkämmerer. Ein künftiger Langzeitsegler, dem gegenüber eine deutsche Gemeinde noch solch eine Rechnung offen hat, sollte über die Gepflogenheiten der städtischen Geldeintreiber Bescheid wissen, denn spätestens bei der Heimkehr steht Ärger ins Haus.

Wie erfolgreich sind die städtischen »Schuldnerverwaltungen?« In der 680.000 Einwohner starken Stadt Stuttgart zum Beispiel sind 68 Angestellte allein mit der Verwaltung der ausstehenden Gelder beschäftigt. In 85 % der Fälle waren diese fleißigen Beamten 1998 erfolgreich. Wie es sich für eine deutsche Dienststelle gehört, wurde am Jahresende Bilanz gezogen. 57,44 Millionen DM wurden eingetrieben, auf 5,6 Millionen Mark Schulden blieb die Stadtkämmerei 1998 sitzen. Damit erarbeitet jeder der 68 Beschäftigten einen Schuldenumsatz von 844.117,64 DM. Rechnet man nun die ausstehenden Schulden auf die 68 Geldeintreiber hoch, verbleibt ein Minus von 82.352,94 DM pro Nase an Außenständen. So aber rechnen nur schräge Typen, die ihre Strafzettel nicht bezahlen möchten!

Der Autor gehörte auch zu dieser Klientel, die Strafzettel jahrelang nur unter Druck bezahlten. Einmal stand sogar ein städtischer Geldeintreiber nach einer längeren Reise vor unserer Tür und verlangte umgehende Bezahlung von 130 Mark für einen zehn Mark hohen Strafzettel, der fast zwei Jahre zurücklag. Bußgelder verjähren erst nach 36 Monaten. Langzeitsegler, die erst nach drei Jahren und einem Monat zurückkehren, sind da also fein raus.

Je nach Schuld kassiert die Stadtkämmerei Mahnzuschläge zwischen fünf und 100 Mark. Zusätzliche Säumniszuschläge von einem

Prozent pro Monat ergeben für die Stadt eine satte Netto-Rendite von 12 % im Jahr. Damit lässt es sich leben. Bei 37 % aller Schulden handelt es sich in der Stadt Stuttgart um Bußgelder von Auto- und Motorradfahrern. Weil diese Bußgelder öffentlich-rechtliche Forderungen sind, kann der städtische Geldeintreiber so auftreten, wie ein Gerichtsvollzieher. Lohnpfändungen sind selten, aber rechtlich durchaus zulässig. Weil jeder Schuldner in der EDV-Anlage registriert ist, kennt man in der Stadtkämmerei auch die Zahlungsmoral des Schuldners. Mal reicht bei der Kundschaft sanfter Druck durch ein Mahnschreiben oder einen Anruf, mal wird der Arbeitgeber über den säumigen Zahler informiert. Die letzte Instanz ist der städtische Geldeintreiber. Als Außendienstler fährt er bei Bedarf schon härtere Geschütze auf, die bis zur Pfändung von Lohn oder Gehalt, aber auch von Bankguthaben reichen können.

Neben ausstehenden Abwassergebühren schlagen städtische Steuerschulden von Gewerbe-, Grund-, Hunde- und Vergnügungssteuer der Kämmerei mit 18 % in die Bilanz. Das meiste Geld muss bei neuen Hausbesitzern eingetrieben werden, die die von der Stadt angemahnten Erschließungsbeiträge nicht bezahlen möchten oder können. Gleiches gilt für Ablösebeträge für vorgeschriebene, aber vom Besitzer nicht gewünschte Parkplätze. Mittels der deutschen Amtshilfe werden in Stuttgart allein 10 % aller Außenstände erfolgreich eingetrieben, die ihren Ursprung in einer anderen europäischen Stadt hatten. Beispiel Strafmandat wegen zu schnellen Fahrens auf Schweizer Autobahnen. Immerhin ein Posten von 5,7 Millionen Mark für »ausländische Schulden.«

Mit der dreijährigen Verjährungsfrist rechnen viele Aussteiger und Langzeitsegler. Bei den üblichen Strafzetteln geht die Rechnung auf, nicht aber bei echten Steuerschulden oder ausstehenden Erschliessungskosten von neuen Häusern. Hier strengt die Stadtkämmerei eine Zivilklage vor dem Gericht gegen den abwesenden Schuldner an. Dann ergeht ein Säumnisurteil und dieses kann bis zu 30 Jahre lang mit allen Konsequenzen durchgesetzt werden. Merke: Abwesenheit schützt vor Strafe nicht.

Blauwassersegeln ohne Vorkenntnisse – Gewusst wie

Selbst auf die Gefahr hin, dass der Autor nun wider die seemännische »Vernunft« argumentiert – aber das nötige Rüstzeug für einen geruhsamen Segelurlaub am Mittelmeer lässt sich in einem 14-tägigen Crashkurs erlernen.

Stichwort Navigation: Die berühmtesten »Segel-Legenden« wie Eric Hiscock, Bernard Moitessier, Winfried Erdmann oder auch Wolfgang Hauser und Clark Stede segelten jahrzehntelang zu den entlegendsten Ankerplätzen dieser Welt ganz ohne GPS, Radar oder gar einen Segelschein. »Learning by doing« war die Devise. Die Navigation mittels der Gestirne, nautischer Tafeln und einem meist leicht verbogenen Sextanten reichte aus, das Ziel zu finden. Um wie vieles einfacher ist heute die Navigation mit dem knapp 300 Mark teuren GPS. Der richtige Standort auf Knopfdruck ist sicher die wichtigste Entwicklung der letzten 50 Jahre für jeden Hochsee-Segler. Der Autor hat selbst den Atlantik mehrfach nur mit Hilfe des Sextanten im Segelboot überquert, aber beigebracht hat er sich wie viele andere die Astro-Navigation selbst mit dem berühmten Lehrbuch von Bobby Schenk »Astro-Navigation leicht gemacht«. Als Bobby dieses Buch auf den Markt brachte, hagelte es entrüstete Kommentare von aufgebrachten Lesern in der *Yacht*. Ein Leserbrief fiel mir damals vor meiner ersten Atlantiküberquerung positiv auf. Da schrieb ein Berufsnautiker u. a. das Folgende: »Auf den Meter genau ist des Autors stark vereinfachte Standortbestimmung ja nicht, aber sie reicht allemal zum Ankommen, weil die Ungenauigkeit bei etwa drei Seemeilen liegt. Bei einem langsamfahrenden Segelboot kann man das akzeptieren.« Welch ein Labsal für das nervlich heftig strapazierte Selbstwertgefühl eines angehenden Hochsee-Seglers, der die glorreiche Umrundung des Kap Hoorn als Ziel seiner Träume im Hinterkopf hat. Letztlich traf ich immer die richtige Insel in der Weite des Atlantiks und verpasste meinen Landfall mit Bobby Schenks Ratschlägen meiner Erinnerung nach nur in einem einzigen Fall, der sich leicht korrigieren ließ, ohne dass meine Mannschaft etwas davon merkte. Stichwort Segelpraxis: Die beiden flotten Jungs des Weltumsegler-Katamarans *Blue Ship* hatten von Navigation und Seemannschaft so gut wie keine Ahnung, und segelten nur mit ganz minimalen Grundkenntnissen der Seemannschaft, aber mit einer praktischen Grundeinstellung, fast ungeschoren um die Welt. »Einfach einmal probieren«, war einer ihrer Grundsätze und sie hielten sich eisern daran fest. Nachdem sie einen vielbeachteten Bericht und ein Buch über diese unkonventionelle Weltumseglung verfasst hatten, schrieben sich wieder die »Alles-Besser-Wisser« die Finger mit kritischen Kommentaren wund. Als stünde unser geliebter Segelsport vor dem Abgrund, wenn dieses Beispiel Schule machte. Unter dem Strich gesehen brachten sich die beiden Jungs nur selbst in mögliche Gefahr, nicht die aufgebrachten Leser. Der Spaß an diesem unkonventionellen Segeltörn um die Welt stand im Vordergrund. Recht so, meint der Autor. Die »normal gebliebene« Segelgemeinde sollte einfach etwas mehr Toleranz üben und akzeptieren, dass man mit etwas Glück und viel gesundem Menschenverstand auch ohne Segelscheine und ausreichende Praxis die Leinen loswerfen kann. Es muss ja nicht unbedingt gleich eine Weltumseglung mit einem 45 Fuß langen Katamaran sein, der eindeutig schwieriger Hand zu haben ist, als eine konventionelle Yacht für Fahrtensegler.

Die Stunde der Wahrheit schlägt für Segler spätestens auf dem Atlantik. Hier zeigt sich, was ein Skipper taugt. Nicht wenige frustrierte Segler verlassen fast fluchtartig ihr einst geliebtes Schiff auf den Kanarischen Inseln, weil sie mental von den Wellen des Atlantiks überrascht wurden. Das Schiff wird verkauft, der Traum von der tollen Weltumseglung ist ausgeträumt.

Stichwort Segelscheine: Sind Segelschein-Besitzer bessere Segler? Mitnichten. Beispiel bezahlte Hochseerennen: Weil in allen angelsächsischen Ländern Segelscheine kein Muss von gesetzlicher Seite her sind, segelten bis heute fast alle bekannten englischen, amerikanischen und neuseeländischen Langzeitsegler ohne Segelschein um die Welt. Auch die hartgesottenen französischen Solo-Rennsegler sind bis auf ganz wenige Ausnahmen seglerische Laien im Sinne deutscher Wassersport-Institutionen. Was haben diese Profisegler uns voraus? Praxis, nichts als Praxis, auf »heißen« Rennyachten, die entweder gewinnen oder auseinanderbrechen. Das hat mit Seemannschaft im klassischen Sinn nichts zu tun, aber in dieser verrückten Welt zählt nur der Erfolg. Mit oder ohne Schein.
Dass diese Ausnahmesegler einen Segelrekord nach dem anderen brechen, liegt nicht nur allein am besseren Material. Diese Profisegler sind aus jeder Sicht eine Klasse für sich. Bislang konnte noch kein deutscher Segler eine ähnliche Leistung vollbringen, wie zum Beispiel die knallharte französische Einhand-Profiseglerin Isabelle Authessier, die bei den schwersten Nonstop-Solorennen um die Welt immer wieder ganz vorne ist. Woran das liegt? Die 36-jährige Französin meint dazu: »Segeln lernt man durch Segeln, nicht im Klassenzimmer. Die technischen Standards der schnellsten Einhand-Rennyachten sind einem ständigen Wechsel ausgesetzt. Ganz ähnlich wie die Formel-1-Rennwagen. Wer als Spitzensportler den technischen Fortschritt nicht kapiert, ihn nicht nutzen kann, wird hinterhersegeln. Zudem lässt einen der ständige Leistungsdruck der Sponsoren nie mehr los. Eine immer bessere Darstellung der medialen Möglichkeiten kontrolliert uns vom Start bis zum Ziel. Wir sind nicht mehr allein auf dem Meer. 13 Kamera-Augen verfolgen mich ununterbrochen, selbst im Schlaf werde ich überwacht. Wer dem Druck nicht standhält, kann weder an der Pinne, noch im sonstigen Geschäft der Profisegler gewinnen. So einfach ist das – und auch so schwer.«
Wie lernt man am schnellsten das richtige Handling oder die nötige Seemannschaft für anspruchsvolle Segelreisen? Am besten bei einer Überführungsfahrt mit einem guten Profisegler. Beispiel: Eine Yachtüberführung im Spätherbst von England durch die raue Biskaya,

durch die Straße von Gibraltar ins Mittelmeer, und weiter zur Türkei oder in die obere Adria. Eine leichtere Route würde von Marseille zu den Kanaren führen. Schwierig ist die Überführung einer Yacht von Australien durchs Rote Meer nach Frankreich. Leichter wäre die schöne Passat-Route von Kapstadt/Südafrika über Recife/Südamerika. Gesucht sind auch Mitsegler für die Rücküberführung großer Charteryachten von den Karibischen Inseln über die Azoren ins Mittelmeer. Die persönlichen Fähigkeiten steigern sich mit jeder Seemeile, sofern man als Deckshand den richtigen Skipper gefunden hat. Wer ernsthaft die zukünftigen Jahre auf Blauwasserkurs mit dem eigenen Schiff unterwegs sein möchte, sollte sich den Kleinanzeigenteil im *Palstek*, in der *Cruising World* oder der *Yacht* sorgfältig studieren. Dort werden immer wieder Mitsegler für Überführungstörns gesucht. Je schwieriger die Aufgabe für den Skipper, desto preiswerter ist der Törn für die Mitsegler. Ganz ohne Salär wird sich heute kein bekannter Profi-Überführungsskipper auf den Deal einlassen, denn wenn etwas schief geht, ist nur er selbst der Dumme, während seine Mitsegler fluchtartig die Yacht verlassen.

Seglerlegenden: Eric Tabarly, Phil Weld und Olivier Kersauson. Alle drei sind Top-Solorennsegler, die jahrelang bei den bedeutendsten Rennen dominierten.

Wer ohne gültige Bootspapiere zur See fährt, riskiert Gefängnis

Es sollte ein Jahr der Besinnung sein. Doch alles kam anders. Peter Oswald (Name geändert; d. A.) geriet wegen seiner etwas legeren Lebenseinstellung in die Mühlen der deutschen, italienischen und türkischen Gesetze und sitzt heute rechtskräftig verurteilt im Knast. Seine immerhin 100.000 Mark teure Yacht wurde versteigert, der Erlös floss in die türkische Staatskasse. In 18 Monaten kann Peter Oswald wieder in Freiheit sein. Der Autor besuchte ihn im Gefängnis, um die Hintergründe für diese menschliche Tragödie zu erfahren.

Peter Oswald ist 42 Jahre alt, einmal geschieden und Vater von zwei halbwüchsigen Kindern, für die er Unterhalt bezahlt. Peter arbeitete bis zu seinem »Jahr der Besinnung« als Leiter der Physiotherapeutischen Abteilung in einem süddeutschen Krankenhaus. In seiner Freizeit engagierte sich Peter aktiv in der Friedensbewegung, bei Amnesty International und für den Ausstieg aus der Atomenergie. Ein echter Pazifist und Idealist. Als langjähriger ehrenamtlicher Mitarbeiter einer gemeinnützigen Segelvereinigung für behinderte Kinder und Jugendliche träumte er ganz zwangsläufig vom Leben an Bord einer eigenen Yacht, mit der er irgendwann einmal eine richtige Weltreise unternehmen wollte.

Im März 1997 war es dann soweit. Peter kam in den Genuss einer kleinen Erbschaft. Damit finanzierte er den Kauf einer älteren, 42 Fuß großen Stahlyacht. Zum Leben blieben ihm knapp 25.000 Mark Erspartes. Peter erzählt: »Nach meinen, leider falschen, Vorstellungen sollte dieses Geld für mindestens ein Jahr, besser noch für zwei Jahre im Mittelmeer reichen, deshalb kündigte ich meine sichere Stellung im Spital auf. Davon erfuhr meine geschiedene Frau. Sie setzte mir das Messer auf die Brust und verlangte Sicherheiten für die Kinder. Sie drohte mir mit einem Rechtsanwalt die Beschlagnahme der Yacht

an. Darüber geriet ich derart unter Stress, dass ich hier alles liegen und stehen ließ und mit meinem Schiff Hals über Kopf in Richtung Liparische Inseln abdampfte.«
Zuhause war nichts in Ordnung. Mit Hilfe eines Anwalts hätte man alle Unterhaltszahlungen regeln können. Peter: »Natürlich ließ ich das absolute Chaos zurück, aber nur so konnte ich vor den Attacken meiner Exfrau einigermaßen sicher sein. Ich ließ alle regelmäßigen Zahlungen für die Miete, die Krankenkasse, das Auto und die Versicherungen einfach weiterlaufen. Nichts wurde gekündigt, denn man soll ja schlafende Hunde nicht wecken. Die Bank hatte keine Ahnung, ob das Girokonto wieder einmal ausgeglichen werden würde. Der Briefträger stand vor total verstopftem Briefkasten und war außerstande, eingeschriebene Briefe zuzustellen. Nur meine Freundin Clara wusste Bescheid. Weil Sie Angst vor dem Wasser und der Seekrankheit hat, wollte sie in den Pfingstferien das Segeln ausprobieren. Daraus wurde aber nichts, sie lernte einen anderen Kerl kennen und ließ mich sitzen. Leer fühlte ich mich, ausgepumpt, einfach zu schlapp, den Karren herumzureißen und einen vernünftigen Neuanfang zu wagen.«
Mit geordneten Verhältnissen in der Heimat hätte Peter wohl »die Kurve gekriegt.« Durch die überstürzte Flucht aus der Heimat segelte Peter einfach in Richtung Griechenland ab. Deutsche Schiffspapiere? Fehlanzeige. Peter dachte sich, dass der Kaufvertrag als Beleg für sein Eigentum ausreichen würde. Der Bootsbrief des bisherigen Besitzers, sowie der Kaufvertrag, natürlich ohne den wichtigen Mehrwertsteuer-Nachweis, steckte in seiner Brieftasche. Nur mit einiger Mühe ließ sich ein Beamter der italienischen Finanzpolizei im Hafen von Salerno davon überzeugen, dass er der rechtmäßige Besitzer der Yacht sei: »Ich hatte Glück, weil ich ganz gut italienisch kann und der Beamte kurz vor Dienstschluss keine großen Sprünge mehr machen wollte. Das Schiff ist in Italien schneller an der Kette, als man glaubt. Mir fuhr der Schreck so in die Glieder, dass ich mein Schiff um zehn Uhr nachts in den Großhafen verlegte und bei Tagesanbruch abdampfte. Weil es Sonntag war, hatte der Beamte vielleicht seinen freien Tag und niemand hielt mich auf.«
Peter erzählt weiter: »Unter solchen Voraussetzungen macht Segeln

überhaupt keinen Spaß. Es ist die ständige Angst vor einem missgünstigen Zöllner oder Polizisten, der in jedem Yachtie einen potentiellen Drogen-Dealer oder Dieb einer älteren Stahlyacht sieht. Auf Lipari fragte mich ein etwa 25 Jahre alter Schweizer nach zwei freien Kojen für sich und seine Freundin. Die 100 Schweizer Franken pro Woche gaben mir die Perspektive, dass ich Italien möglichst schnell in Richtung Türkei verlassen konnte. Also sagte ich zu. Im Nachhinein war dies mein größter Fehler.«
Peter erinnert sich: »Viel Sonnenschein, eine frische westliche Brise, Seglerherz, was willst du mehr? Über die Straße von Messina verlief die Reise dann problemlos nach Valetta/Malta.«
Hier wollte Peter über den ADAC zu ordentlichen Schiffspapieren gelangen. Das Internationale Sportboot-Zertifikat wird, abgesehen von Frankreich, fast überall rund ums Mittelmeer als Besitznachweis akzeptiert: »Die ganze Aktion mit dem ADAC-Papier ging in die Hosen, weil ich den letzten Jahresbeitrag fürs Auto wohl nicht mehr bezahlt habe. Wahrscheinlich schickte der ADAC mir irgend ein Schreiben an meine bisherige deutsche Adresse. Die Vermieterin hat den ganzen Postkram wohl auf den Müll geworfen, weil ich ja schon einige Monate weg war. Das Schärfste auf Malta war allerdings der Besuch der Polizei auf meinem Schiff. Irgend etwas stimmte nicht mit dem Pass des Schweizers. Er sollte sich am nächsten Tag gegen 10 Uhr auf dem Polizeirevier melden. Mir war klar, dass ich selbst mit meinem Schiff an der Angel hing, wenn die Malteser ihre Kollegen bei Interpol kontaktieren.«
Und wieder hieß die Devise: Leinen los, wir hauen ab. Obwohl die maltesischen Küstengewässer wegen illegaler Bootsflüchtlinge aus Nordafrika sehr aufmerksam bewacht werden, glückte der Abgang über Gozo in Richtung Korfu/Griechenland ohne weitere Probleme. »Auf keinen Fall wollte ich noch mal mit der italienischen Küstenwache in Kontakt kommen«, erzählt Peter. »Deshalb fuhren wir einen weit auf See liegenden Kurs und vermieden den Knackpunkt albanische Küste, wo aus der Luft und auf See jedes Schiff kontrolliert wird. Dilemma Kosovo-Albaner, alle wollen raus, dort sieht keiner mehr eine Zukunft. Du kennst ja das Problem.«
Zudem erhoffte Peter, über einen griechischen Bekannten an neue

Schiffspapiere zu gelangen. Die Yacht sollte in der Marina Gouvia auf Korfu an Land gesetzt werden: »Ich hatte vor, die Yacht ganz preiswert an meinen griechischen Bekannten zu verkaufen und danach das Schiff noch billiger mit neuem Namen wieder zurück zu kaufen. Damit wäre es vor dem eventuellen Zugriff meiner Ex-Frau absolut sicher. Die griechischen Behörden würden dann passende Schiffspapiere für mich ausstellen. Innerhalb der EU würde dies keine Schwierigkeiten bereiten, wurde mir berichtet. Alles nur eine Sache von 200 Schweizer Franken.«

So kann man sich irren. Tatsächlich werden nicht nur in Griechenland Transaktionen mit Yachten wie ein Hauskauf behandelt. Die notarielle Prüfung der Besitzurkunden ist Voraussetzung für einen Verkauf. Das dauert seine Zeit und die wurde für Peter zu einem echten Problem. Die Hafenverwaltung wollte ihre Liegeplatzgebühren kassieren, andernfalls würde man die Yacht zur Sicherungsleistung konfiszieren. Der dilettantisch inszenierte Scheinverkauf der Yacht fand nicht

In türkischen Gewässern wird so manches heiße Ding gedreht. Istanbul ist Dreh- und Angelpunkt von Schleußerbanden und Drogengeschäften.

statt, denn der Notar bestand auf Vorkasse seiner Gebühren. Peter erinnert sich: »Die Sache mit den fehlenden Schiffspapieren brannte mir wirklich unter den Nägeln. Durch ein Gespräch mit meinem Freund in Deutschland erfuhr ich, dass meine Ex-Frau mit einem scharfen Anwalt eine Betrugsanzeige gegen mich erstattet hatte. Sie fühlte sich als Miteignerin der Yacht. Zudem erstattete sie Anzeige wegen ausstehender Unterhaltszahlungen, weil die Bank ihr kein Geld mehr überwiesen hatte, denn mein Konto war blank. Mir stand das Wasser wirklich bis zum Hals. Mein Freund in Deutschland schickte mir 1000 Mark zur Überbrückung und damit segelten wir so schnell wir konnten in Richtung Türkei los.«

Der Eindruck täuscht wohl nicht, dass Peter Oswald ständig auf der Flucht vor seinem eigenen Unvermögen war, die wichtigsten Dinge legal zu regeln. Andererseits hielt es Peter mit dem Schweizer Pärchen, tolerant wie er ist, über vier Monate lang ganz gut aus: »In einem Punkt mauerte Berti. In Gelddingen ließ er sich nicht in die Karten schauen. Die vordere Kabine durfte von mir nicht betreten werden. Einmal musste ich die Ankerkette vom Inspektionsdeckel aus im Vorschiff klarieren. Da bekam der Berti einen Wutanfall und auch die Rosi wollte das Schiff im ersten türkischen Hafen verlassen.« Der in manchen Dingen reichlich naive Skipper hatte sich längst das Steuer aus der Hand nehmen lassen. Letztlich bestimmten die beiden Mitsegler, wohin die Reise gehen sollte: Zur türkischen Südküste. Bei der kleinen Ortschaft von Ören am Golf von Gegova legte die Stahlyacht am wackeligen Steg des Fischerkais an. Das Zusammenspiel im Informationsaustausch zwischen den einheimischen Fischern und der Polizei funktioniert in jedem südländischen Hafen. So auch in Ören. Weil Ören kein Einklarierungshafen ist, fällt jede ausländische Yacht wie ein bunter Hund auf. Peter erzählt: »Kurz nach der mittäglichen Siesta rückten die beiden Dorfgendarmen auf ihrem klapprigen Golf-Verschnitt an. Zwei Tage lang hatte man uns in Ruhe gelassen. Auf mich prasselte ein Wortschwall hernieder, bei dem ich nur Bruchstücke verstand: Wie viele Personen – Pässe – Schiffspapiere. Meine Schweizer Mitsegler waren gerade von einem Landausflug nach Marmaris zurückgekehrt. Als sie das blaue Polizeiauto sahen, verdrückten sie sich hinter einem aufgepallten Fischerkahn. Rosie schob eine braune Plastiktüte unter ein Fischernetz, dabei wurde sie von einem einheimischen Fischer beobachtet. In der Plastiktüte fand die Polizei 200 Gramm Kokain. Was dann kam, war krimireif. Es gab ein Riesengeschrei und fünf Minuten später saßen wir in Handschellen gefesselt auf der Rücksitzbank der Polizeikarre.«

Weil jeder Skipper für seine Mitsegler in vollem Umfang haftet, wurde Peter Oswald der Prozess wegen Drogenbesitz, illegaler Einfuhr einer Yacht, Passvergehen und anderer Delikte in Istanbul gemacht. Geschickt versteckt fand die Kripo im Ankerkasten noch 1000 Dollar und geringe Mengen Kokains. Letztlich nutzten die beiden Schweizer ohne Wissen ihres gutgläubigen Skippers die Yacht als Transportmittel für ihre Drogengeschäfte. Unkenntnis bewahrt keinen Segler vor Strafe.

Wie überall auf der Welt wurde das »Drogenschiff« von den Behörden meistbietend verkauft, weil das Gericht und die Anwälte bezahlt werden müssen. Peter Oswald kam durch die Intervention deutscher Behörden nach neun Monaten Haft in einem türkischen Gefängnis frei. Jetzt sitzt er die Reststrafe in einem süddeutschen Gefängnis ab. Die beiden Schweizer wurden zu jeweils 36 Monaten Haft verurteilt. Peters Schuldenberg beläuft sich nun auf über 180.000 Mark. Peter sieht heute die ganze Geschichte realistisch: »Wäre ich vor dem Kauf der Yacht mit meiner Ex-Frau finanziell gesehen klargekommen, wäre mein Segeltörn eine tolle Sache geworden. So aber fiel ein Dominostein nach dem anderen um. Eine Kettenreaktion von lauter kleinen Fehlern, die mich ins Gefängnis brachte.«

Die hier erzählte wahre Geschichte könnte natürlich als Beispiel für mehrere der in diesem Buch behandelten Risikothemen von Langzeitseglern dienen: Flucht vor Unterhaltsverpflichtungen und Schulden etwa, chaotischer Abgang ohne Happy-End, fahrlässige Leichtgläubigkeit im Umgang mit Mitseglern usw. Letztendlich gestolpert ist Peter Oswald aber über seine Unkenntnis international geltender bzw. üblicher Gesetze und Bestimmungen. Wer auf Langfahrt geht, muss darauf achten, dass er vor dem ersten Ablegen seine Bootspapiere – gültig und vollständig – sicher an Bord verstaut und idealerweise je eine beglaubigte Kopie davon bei seinem Rechtsanwalt deponiert hat. Denn, dass man auf seinem rechtmäßigen Eigentum unterwegs ist, muss man gerade gegenüber den Behörden der Mittelmeer-Anrainerstaaten jederzeit sofort und unzweifelhaft nachweisen können.

Diese Dokumente muss der Skipper an Bord mitführen:

- Einen **gültigen Pass** für jede Person, die sich an Bord befindet. Mindestgültigkeit beachten. Visapflicht für ausländische Mitsegler beachten. Der Schiffseigner/Skipper haftet für die mitsegelnden Personen.

- **Schiffsdokumente:** Für deutsche Yachten gilt das Internationale Sportboot-Zertifikat oder der Schiffsregister-Auszug für große Charteryachten. Ein notariell beglaubigter Eigentumsnachweis und ein Mehrwertsteuernachweis werden in Italien und einigen anderen EU- und Nicht-EU-Ländern verlangt. Ein kopierter Kaufvertrag gilt nicht als Eigentumsnachweis in Frankreich und anderen Ländern der EU.
  Nach deutschem Recht muss die UKW-, Grenzwelle und kW-Seefunkanlage angemeldet und registriert sein. UKW-Handfunkgeräte und Seenot-Funkgeräte/bojen sind nicht registrierungspflichtig, sofern die Seefunkanlage angemeldet und abgenommen wurde.

- **Bootsführerschein:** International gültiger Sportboot-Führerschein/ Küste der BRD. Verbandsführerscheine sind keine international anerkannten Führerscheindokumente.

- **Funksprechzeugnis:** Je nach Art und Nutzung sind Seefunkzeugnisse und/oder Amateurfunk-Lizenzen erforderlich. Mobile Telefone (Handys) sind nicht in allen Ländern erlaubt. In machen Ländern müssen Handys bei der Ein- und Ausreise registriert werden.

- **Transitlog:** Dieses Schiffsdokument wird von vielen Staaten bei der Einreise/Einklarierung ausgestellt. Damit wird die Aufenhaltsdauer der Yacht festgelegt und registriert. Das Transitlog muss vor der zeitlich befristeten Ausreise im Ausklarierungshafen abgestempelt und zurück gegeben werden.

Legale Jobs für Aussteiger

Wie halten sich Langzeitsegler über Wasser?

Der Traum vom Aussteigen ohne Geld wird leider viel zu oft zum Trauma. Finanziell und emotional gestrandete Segler und Globetrotter gibt es überall auf der Welt. Segeln kostet einfach Geld. Mit weniger als 500 Mark monatlich kommen nur Überlebenskünstler wie Annie Hill und ihr Mann Pete aus, die in ihrem Buch »Mit kleinem Geld auf große Fahrt« eindrücklich den ständigen Kampf ums nötige Geld schildern. Seit über 15 Jahren gelingt ihnen dieses Kunststück. Selbst in absolut preiswerten Dritte-Welt-Ländern sind 500 DM so knapp kalkuliert, dass einem die Lust am Segeln schnell vergehen kann. Mit etwa 1500 bis 2500 DM monatlichen Fix-Kosten rechnen nach unseren eigenen Erfahrungen die meisten Langzeitsegler am Mittelmeer. Clark Stede setzte nach eigenen Angaben die Lebenshaltungskosten an Bord seiner *Asma* mit etwa 600 Dollar (ca. 1100 DM) je Monat für sich und seine Freundin Michelle Poncini ohne Ersatzteile fürs Schiff an. Ihre spektakuläre Amerika-Umseglung liegt nun schon fast zehn Jahre zurück, und heute arbeitet Clark Stede an neuen Projekten, die eher landgebunden sind. Im Gegensatz zu vielen anderen Langzeitseglern bereisten die beiden Extremsegler ausgiebig jene Länder, die sie mit ihrer Aluminium-Yacht anliefen, und solche Überlandtouren gehen ins Geld. Kein Wunder, verbringen die meisten Langzeitsegler aus finanziellen Gründen fast ausschließlich ihre segelfreie Zeit an Bord oder in den Küstenstädten. Das kann nicht der Sinn vom sinnvollen Aussteigen auf Zeit sein, wo man ja auch den eigenen Horizont erweitern sollte. Irgendwann ist Ebbe in der Bordkasse. Dann fängt das große Lamentieren über die teuren Häfen und rüden Beamte an, die einen nicht in Ruhe lassen. In Wirklichkeit müssen sich fast alle »unvermögenden« Langzeitsegler der Tatsache stellen, dass man sich was die Schiffs- und Lebenshaltungskosten betrifft, einfach in die eigene Tasche gelogen hat. Der Autor rechnet sich auch dazu. Die positive Seite an diesem Dilemma ist der Wiedereinstieg ins Berufsleben, damit man wieder Reserven für den nächsten Ausstieg auf Zeit hat. Berühmte Langzeit-Segler wie Winfried Erdmann, Clark Stede, Gudrun Calligaro, aber auch Robin Knox-Johnston und Jimmy Cornell verdienen das nötige Geld in der Heimat und geben es dann in fremden Ländern bei der Segelei aus. Letztlich ist dies die sicherste und vernünftigste Methode, auch im nächsten Jahrzehnt ausgiebig segeln zu können. Wichtigstes finanzielles Standbein für diese Extrem-Segler ist die Fähigkeit, eine organisatorisch schwierige Aufgabe erfolgreich zu Ende bringen. Mit dazu gehört auch die Produktion von Segelbüchern und Artikeln für Zeitschriften, wo erst nach der Veröffentlichung Honorare bezahlt werden.

Die zufriedensten Langzeit-Segler leben vom ersparten Geld, das durch Festgeldanlagen, Immobilien und Aktien als feste Größe einen fast beliebig langen Urlaub ermöglicht. Der Haken an diesem erstrebenswerten Zustand ist das häufig fortgeschrittene Alter, oder auch der schon angegriffene Gesundheitszustand dieser wohlhabenden Senioren. Die meisten sind über 60 Jahre alt und mitunter vom harten Berufsleben als Manager und dergleichen sichtbar gezeichnet. Die Spuren eines stressgeladenen Berufslebens erkennt der Betrachter noch deutlicher an der Lebensgefährtin. Sie teilt das Hobby ihres Mannes oft nur aus Solidarität. An Land wäre sie zweifellos besser aufgehoben.

Das andere Extrem sind etwa 30-jährige Frühaussteiger ohne Kapital im Hintergrund. Der ständige Kampf ums finanzielle Überleben an Bord ihrer meist recht und schlecht gepflegten Yacht hat aber auch gar nichts mit einem zufriedenen Lebenswandel zu tun. Viele Aussteigerpärchen sind heillos zerstritten, nur weil man die einstigen Träume revidieren muss. Auch in wohlhabenden Ländern wird die Arbeit immer knapper und der Konkurrenzneid immer stärker. Wer eine Arbeit hat, verteidigt sie bis aufs Messer. Will mir dieser bleiche Yachtie meine Arbeit wegnehmen? Noch nie sah der Autor bei einem neunmonatigen Segelurlaub so viele unzufriedene Gesichter von Yachties auf einem Ankerplatz, als im Traumrevier der Virgin Islands. Kaum ein Gespräch unter diesen Langzeit-Seglern mit den geplatzten Träumen, das sich nicht um

Die südlichste Imbissbude der Welt steht in der Hoot Bay Marina bei Kapstadt. Ein Hamburger Weltumsegler legte hier seinen Anker aus und wurde mit Erfolg sesshaft.

den schnöden Mammon drehte. Ohne Hemmungen machen dann Themen die Runde, die sich allesamt um gesetzeswidrige Dinge handeln: Wie umgeht man die saftigen Gebühren der Einklarierung auf Antigua? Wie schafft man guten Stoff von Jamaika nach Florida? Wie bringe ich mein Schiff aufs Riff, ohne dabei selbst abzusaufen? Welche Kasko-Versicherung zahlt mir einen fingierten Diebstahlschaden? Wo lässt sich ein »gebrauchtes« (gestohlenes; d. A.) Radargerät am besten besorgen?

Mit welchen Jobs hielten sich weniger risikobereite Langzeit-Segler finanziell gesehen über Wasser? Meist mit Dienstleistungen an anderen Yachten: Unterwasseranstrich erneuern, Maschine reparieren, Teakdeck abschleifen und neu verfugen, Osmoseschäden an Kunststoffyachten beheben und dergleichen. Ein Drecksgeschäft – keine Frage – und harte Knochenarbeit bei einem Stundenlohn von knapp fünf Mark, wenn Sie der wohlhabende Eigner wie eine Zitrone ausquetscht. Möchten Sie das auf Dauer akzeptieren? Im gleichen Geschäft kann auch gutes Geld verdient werden. Es kommt auf den Standort und die Kundschaft an. Für Larry und Lin Pardey, ihre Bücher sind im Pietsch Verlag erschienen, ist ihre selbstgebaute Yacht die beste Reklame für ihre handwerklichen Fähigkeiten. Die Pardeys segeln seit über 30 Jahren auf ihren selbstgebauten hölzernen Yachten um die Welt und besuchen immer wieder stark frequentierte Seglertreffpunkte wie San Diego oder die American Virgin Islands. Dort überholen sie gegen gutes Geld klassische Yachten oder führen gut bezahlte Überführungstörns für amerikanische Eigner in die Karibik durch. Zusätzliches Geld wird durch regelmäßige Artikel in den bekanntesten Yachtzeitschriften und mit der Produktion von neuen Büchern verdient. Die Pardeys sind bei angelsächsischen Seglern eine Institution in Sachen Restauration von klassischen Yachten. Sie lassen sich ihr Wissen mit über 50 Dollar je Stunde bezahlen, ohne dass sie einen Hobel berührt hätten. An Bord ihrer *Talasin* leben sie sparsam und bescheiden. Nicht jedem Langzeit-Segler gelingt es, seine Erlebnisse bei Zeitschriften gut zu verkaufen, denn nach der tausendsten Weltumseglung auf der Passatroute, dem Milkman's Run, gleichen sich die Berichte, obwohl für jeden Segler das Erlebte einmalig ist.

Handwerkliche Fähigkeiten sind beim Geldverdienen unterwegs oft der Schlüssel zum finanziellen Erfolg. Geschickte Handwerker werden überall gebraucht, wo Touristen ihre Ferien verbringen.

Kurt ist von Beruf Koch. Sein Motto ist: »Rent a Koch.« (Miete dir einen Koch). Mit seiner eigenen Yacht segelt er seit sechs Jahren in kleinen Etappen gemütlich um die Welt. Zwischendurch geht er in typischen Touristenhotels oder auf Charteryachten in der Karibik oder in Puerto Rico seinem Beruf nach. Das Geschäft floriert. Kurt kann sich wegen seiner Kochkünste und seiner erwiesenen Seefestigkeit vor Aufträgen kaum retten: »Wer bereit ist, auf den bekannten Charteryachten 24 Stunden am Tag der Diener zu sein, kann so viel Geld

Bill schippert Regierungsgäste übers Meer. Sein 24 Meter langer Katamaran ist für komfortable, schnelle Tagesfahrten ausgelegt.

dabei verdienen, dass er in fünf Jahren das Schiff auf eigene Rechnung laufen lassen kann.« Kurt arbeitet daran.
Die Australierin Julia Hazel ist hübsch, hat lange blonde Haare und ist bestimmt das Gegenteil von einem Mannweib. Wer sie kennen gelernt hat, bewundert ihre ungewöhnlich konsequente Art zu leben. Seglerisch und handwerklich hat sie sich alles selbst beigebracht. Nachdem ihr Freund während des Baus der eigenen neun Meter langen Stahlyacht schlapp machte, lernte sie selbst das Schweißen der dicken Stahlplatten. Dann kam noch die Inneneinrichtung aus Sperrholz dran und schon segelte sie los. Ohne GPS, ohne Einbaumotor und ohne Freund, nur mit einer primitiven selbstgebauten Selbststeuerungsanlage vom Typ Hilfsruder mittels Windfahne. Abgekupfert aus einem älteren Buch von John Letcher mit dem Titel: »Selbststeuerungsanlagen für Segelboote.« Der Abschied von der Heimat führte direkt in einen furchtbaren Sturm, aber sie überlebte auf einer fast unbewohnten Insel. Nach einer tagelangen Bergeaktion brachte sie mit Hilfe der Bewohner ihre gestrandete Yacht übers Riff ins tiefe Wasser zurück. Fast pleite, aber ungebrochen: »Schiffbruch vor Australien, diese Story war nicht mein Ding.«
Fünf Jahre später hatte sie die Welt mit Bravour umsegelt: »Wo ich konnte, verdiente ich mein Geld fürs Schiff und mich als Kindergärtnerin. Weil meine *Jeshan* keinen Dieselmotor hat, war die Fahrt durch die französischen Kanäle nach Paris und weiter ans Mittelmeer eine ziemlich anstrengende Sache, aber dort hatte ich einen neuen Job in Aussicht. Ich musste viele Tage lang rudern, weil der geborgte Außenborder Schrott war.« Julia trafen wir auf den Azoren. Sie war direkt von Kapstadt dorthin gesegelt. Drei Tage später glitt die *Jeshan* schon wieder auf den Atlantik hinaus. Nonstop ging die Fahrt nach Hamburg. Dort verkaufte sie einem deutschen Seglermagazin ihre Story. Julia: »Der Redakteur traute mir zuerst nicht so recht über den Weg. Erst als er mein Logbuch und die Stempel im Pass verglich, taute er langsam auf. Mann, war das ein schwerfälliger Brocken!«
Ähnliches konnte Winfried Erdmann nach seiner stillen ersten Weltumseglung erleben. Fast niemand glaubte ihm seine abenteuerliche Geschichte, weil sein Boot so klein

Deutsche oder französische Backwaren sind der Renner in Südamerika. Ein Aussteigerjob mit Substanz.

war, und so gar nicht ins Establishment der deutschen Seglerwelt passte. Die Zeiten haben sich, Neptun sei Dank, grundlegend geändert. Jean und Valérie backen das beste französische Baguette und die feinsten Kuchen an der südamerikanischen Küste. Nein, nicht an Land, sondern an Bord ihrer 15 Meter langen Stahlyacht. Jean nutzt seine Fähigkeiten als gelernter Bäcker im Vorschiff seiner Yacht. Dort steht ein moderner, professioneller Backofen und eine Teigknetmaschine, die sicherlich einmalig für diese Region ist. Feinstes Edelstahl statt biederer Matratzenlager. So ernährt die schwimmende Backstube Mann und Frau seit nunmehr 15 Jahren. Mit seinem frischgebackenen Brot und den Kuchen beliefern die beiden Franzosen Yachties und Restaurants solange, bis der Polizist wegen eines nicht angemeldeten Gewerbes die beiden vom Ankerplatz »verjagt.« Kreativ muss man als Langzeit-Segler sein, dann lässt es sich selbst auf der teuren Insel Réunion im Indischen Ozean überleben. Réunion gehört als Übersee-Departement zum französischen Mutterland, gleiches Recht, gleiche Gesetze. Nur, wer versteht als farbiger Einheimischer die französische Beamtensprache, wo man sonst kreolisch mit seinen Nachbarn redet? Wer hilft bei Behördengängen und füllt die französischen Formulare aus? Dafür ist Monsieur Claude der richtige Mann am richtigen Ort, direkt vor dem Justiz- und Verwaltungsgebäude der Hauptstadt St. Denis. Claude füllt mit seiner 50 Jahre alten Schreibmaschine Formulare aus, schreibt für zehn Mark einen Beschwerdebrief ans Amt und erhebt Einspruch gegen alles, was Geld kosten soll. Vor drei Jahren blieb Claude Lamere mit seiner Yacht *Pegasus* im Hafen von St. Pierre hängen, er hat es nie bereut: »Die einfachen Leute werden von unserer Bürokratie erbarmungslos über den Tisch gezogen, weil viele

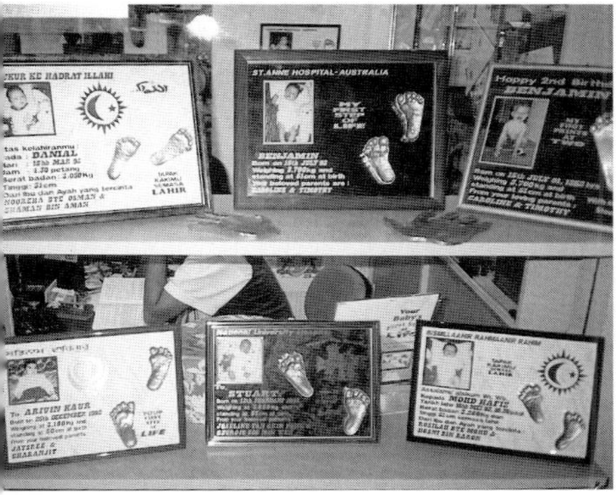

Mit vergoldeten Fußabdrücken von Babies verdient sich Weltumsegler Tom die sprichwörtlich goldene Nase in Singapore.

kaum lesen und schreiben können und von den ganzen juristischen Zwängen keine Ahnung haben. Erst half ich einem Familienvater umsonst aus, dann war sein Vetter an der Reihe. Schließlich hätte ich für die halbe Stadt von morgens bis abends umsonst Rechtsbeistand geben können. Das war mir zuviel. Also bezog ich mein Freiluftbüro direkt an der Quelle, vor dem Justizgebäude. Keine große Investition – ein kleiner Tisch, zwei Klappstühle und die Schreibmaschine, sowie ein dicker Stoß Formulare. Nicht mehr als 3 qm Fläche darf ich benutzen, sonst würde mir die Gendarmerie das Geschäft verbieten.« Claude bleibt wohl noch weitere Jahre auf Réunion hängen, weil er inzwischen eine nette Freundin mit Kind am Wickel hat. »Wenn es mich juckt, packe ich mein Büro zusammen und segle weiter nach Mauritius. Da lässt sich auch Geld mit der Bürokratie verdienen.« Von Beruf ist Claude Lehrer. Dreiviertel seiner Weltumseglung hat er mit diesem feinen Trick schon geschafft, und Frankreich hat noch viele Übersee-»Provinzen«, da mangelt es nicht an Arbeit für den verkappten Advokaten.

Wer einen handwerklichen Beruf wie Gipser, Maler oder Schlosser erlernt hat, dürfte als klammer Aus-

Mit dem Verkauf von attraktiven Schnecken und Muscheln lässt sich bei Touristen ein gutes Geld verdienen, sofern das Angebot zur Klientel passt.

steiger die geringsten Probleme bei der Job-Beschaffung haben. In fast jeder Marina rund ums Mittelmeer wird die Kelle geschwungen. Absolute Favoriten sind derzeit die Kanarischen Inseln, wo allein auf Teneriffa und Gran Canaria an 13 Marinas Neubauten oder Erweiterungsbauten im Gange sind. Weil die meisten Bauträger unter deutscher Kapitalbeteiligung stehen, werden deutsche Handwerker mit schwimmendem Wohnsitz dort immer häufiger gesichtet. Warum auch nicht, die EU-Rechte sind für Jobber ein wahrer Segen und ganz

Bei Taormina/Sizilien verdient sich ein französischer Weltumsegler seinen Lebensunterhalt als Taxi-Pilot mit seinem Gleitschirm. Der zehnminütige Flug kostet 120 Mark.

legal. Ähnlich günstige Voraussetzungen finden Bootsmotoren- und Automechaniker im EU-Ausland. In den Werksniederlassungen deutscher Automobil-Hersteller werden häufig fähige Leute gesucht, die über die neuen computergesteuerten Motorentypen besser Bescheid wissen, als der einheimische Mechaniker, der eher bodenständige Arbeit gewohnt ist.
Hier noch eine kleine Aufzählung von Jobs, die Langzeit-Segler vor dem finanziellen Untergang bewahrten:

- Ein-Mann-Orchester bei Beach Parties
- Zahnarztpraxis und Dentallabor auf deutschem Niveau im Vorschiff
- Fremdenführer bei Reiturlaubern in Chile
- Gleitschirm-Taxiflieger auf Sizilien für Touristen
- Sportmasseur und Physiotherapeut im Fitnessstudio
- Versicherungsagent und Detektiv für Bootsversicherung
- Segelboot- und Surfer-Animateur in Touristikzentren
- Selbsternannter Tauchlehrer mit Flaschen-Füllstation
- Schatzsucher-Agentur für Touristen
- Übersetzer und Korrespondent für Zeitungen und Funkanstalten

- Mitarbeiter für Umweltschutzorganisationen
- Börsenspekulant und Anlageberater für deutsche Winterurlauber
- Kartenlesen und Senioren-Animateur auf Mallorca
- Schreiben und Publizieren von Segelguides auf den Azoren
- Postkartenproduzent für Hotels und Kioske
- Veranstalter von »Wet Shirt-Contests« (Striptease von Amateuren)
- Veranstalter von Fun-Regattas mit Preisgeldtopf für Touristen
- Veranstalter von Video-Filmfestivals an Ankerplätzen
- Seekarten-Kopierer und CD-ROM-Duplizierer
- Schwimmende Geldwechselstube und Kurzkredite
- Schwimmende Pfandleihstube für Schiffszubehör
- Mietwagenverleiher an Yachties (»Rent a Wrack«)
- Agentur für Schlafmöglichkeiten auf Yachten

Bei der letztgenannten Geschäftsidee verdient sich der 40-jährige Langzeitsegler Joe B. übrigens eine goldene Nase. Er vermittelt freie Kojen an der Pier 39 in Oakland und am berühmten Fisherman's

Als Immobilienhändler und Informanten verdienen sich einige Hochsee-Segler ein interessantes Zubrot.

Wharf in Francisco. Sein Trick: Luxusyachten werden oft nur ganz selten bewegt und kosten eine Menge Geld, ohne dass sie genutzt werden. Die meisten amerikanischen Luxusyachten werden dort nur als Statussymbol für geschäftliche Erfolge benutzt. Joe bietet für etwa 320 DM pro Nacht in Absprache mit den Eignern Zweibettkojen auf diesen Yachten an. Fürs Frühstück muss man extra bezahlen. An Deutschlands Küste wäre solch eine Geschäftsidee wohl ein Flop. Nicht so bei den unverkrampften Kaliforniern. Für sie ist eine vorgezogene Honeymoon-Nacht auf einer schmucken Luxusyacht das Größte, was man derzeit seiner Liebsten bieten kann.

Seglerleben am absoluten Minimum

Es gibt Schlagzeilen, die vergisst man sein ganzes Leben lang nicht mehr. So wie diese: »Einhandsegler tot an Bord seiner Yacht gefunden.«
Wir lagen mit unserer *Larantuka* im Hafen von Horta auf den Azoren. Die Überfahrt von St. Maarten/ Holländische Antillen hatte mit 45 Tagen weit länger gedauert, als wir geplant hatten. Bei ganz schwachen, oft umlaufenden Winden kamen wir nur im Schneckentempo voran. Die längste Flaute dauerte volle acht Tage, nur etwa 300 Seemeilen von den Azoren entfernt. In der Ferne sichteten wir sieben Tage vor unserer Ankunft eine kleine Segelyacht auf dem Wasser. Kein Funkkontakt, kein Lebenszeichen durch Setzen eines neuen Segels oder einer Flagge. Vielleicht schlafen die Segler in der Flaute, vielleicht haben sie kein Funkgerät an Bord, dachten wir uns und gingen zur üblichen Bordroutine über: Fladenbrot backen, Reis kochen, eine der letzten Gemüsedosen aufmachen, Standlinie ins Bordbuch eintragen. Hätten wir gewusst, welches Drama sich auf der anderen Yacht abgespielt hatte, wir hätten alles unternommen, um Mark Spring zu retten. Am nächsten Morgen war die kleine Yacht nicht mehr zu sehen, weil über Nacht eine leichte Brise eingesetzt hatte und uns dem Ziel näher brachte.
Später erfuhren wir die ganze Wahrheit über diese englische Yacht. Etwa 180 Seemeilen von Faial entfernt wurde die *Mariner* von einem Handelsschiff gesichtet, dies wurde der Küstenfunkstation mitgeteilt. Wegen eines Seemanövers änderte die portugiesische Fregatte *Jacinto Candido* ihren Kurs und steuerte die *Mariner* an. Mit einem Beiboot setzten vier Seeleute über und durchsuchten die führerlos treibende Yacht. »Wir fanden eine männliche Person an Bord der 8,30 Meter langen englischen Yacht *Mariner*. Die Person war tot, keine äußerlichen Anzeichen von Gewalt.« So der Bericht eines Augenzeugen.
Die Mannschaft der Fregatte hievte die Yacht an Deck und lud sie im

Hafen von Horta ab. Dort bot sich uns ein trostloser Anblick. Völlig zerschlissene Segel, herumhängende uralte Leinen – eine gerade noch schwimmfähige kleine Yacht, die völlig verwahrlost an einer Muringtonne hing.

Bei der gerichtlichen Untersuchung der Vorgänge wurde festgestellt, dass sämtliche Vorräte aufgebraucht waren und sich nur noch Spuren von Brackwasser im Trinkwassertank befanden. Ihr Eigner, der Engländer Mark Spring, war auf seinem Boot verdurstet, verhungert, einsam gestorben, weil er eine der elementaren Regeln der Seefahrt ignoriert hatte: sich ausreichende Vorräte, Reserven für den Notfall anzulegen. Ein Seglerleben am absoluten Minimum hat ein beklemmendes Ende gefunden. Wie Mark Spring leben viele der »ewigen Aussteiger« wirklich von der Hand in den Mund. Manche sind furchtbar nette Kerle, aber innerlich verwahrlost. Sie lassen sich einen Abend lang aushalten und klauen Dir am nächsten Morgen den GPS vom Kartentisch. Bei einer Bootsrazzia in der Ankerbucht vor Faro/Algarve fand die Polizei auf einer französischen 16 Meter langen Stahlyacht vom Typ Meta fünf ganz offensichtlich gestohlene Außenbordmotoren, vier Schlauchboote drei Radargeräte, acht Funkgeräte und drei Radargeräte neben zahlreichen Disc Players, über 500 Discs und anderen Gerätschaften, die man verhökern kann. Der Eigner der Yacht ist ein ehemaliger Hochschullehrer, der vor vier Jahren ausgestiegen war, und dem die Kosten für seine Yacht über den Kopf wuchsen. Dies ist kein Einzelfall, wie man in zahlreichen Häfen rund ums Mittelmeer und auf den Kanarischen Inseln sehen kann, wo viele kaum mehr segelfähige Yachten mit ihren frustrierten Eignern dem persönlichen Untergang entgegendämmern.

Damit dieser für alle Beteiligten so enttäuschende Zustand nie eintritt, sollte man sich schon vor der Abreise aus der Heimat mit der Heimkehr nach der Reise ernsthaft auseinandersetzen. Ich halte eine zwölfmonatige Abwesenheit in meinem Beruf als Fotograf und Journalist schon für das Maximum, das ich meinen Auftraggebern zumuten kann. Der Verlag will und muss mit der Zuverlässigkeit seiner freien Mitarbeiter rechnen. Komme ich zu spät in die Redaktion zurück, schade ich nicht nur mir selbst, ich füge auch meinem Brötchengeber Schaden zu. Die Story ist überholt,

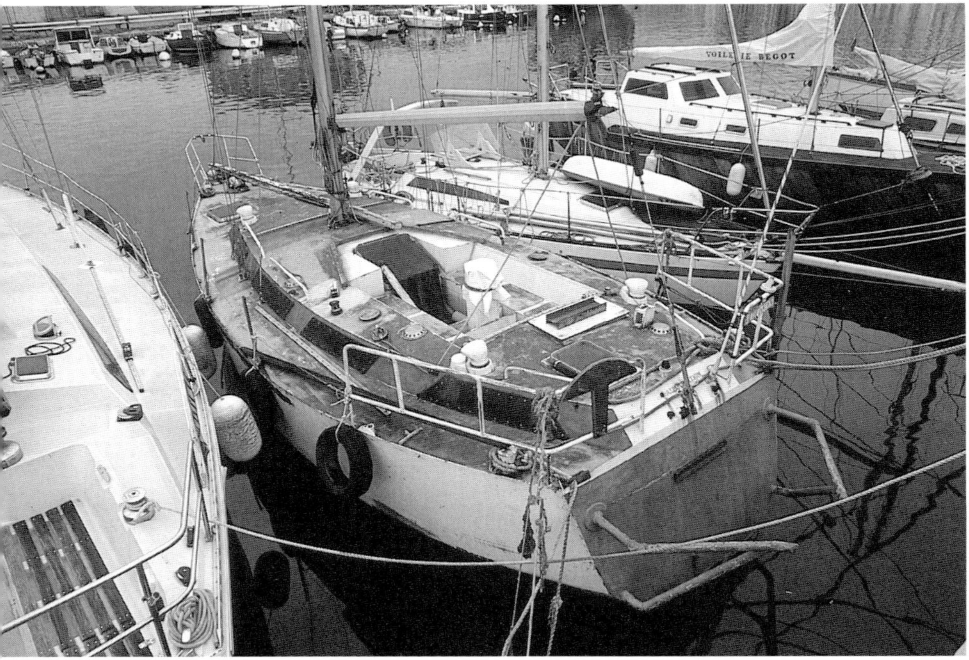

Trostloser Zustand einer kleinen, einst hochseetauglichen Yacht. Heute ist sie ein schwimmendes Wrack. Die Bordkasse war bis zum letzten Pfennig leer.

das Buch zu spät im Handel, und die Werbegelder sind verpufft, weil sich der Mitarbeiter immer noch in der Tasmansee die Sonne auf den Bauch scheinen lässt. Bei allem Verständis für die so sympathischen Beweggründe einer Auszeit, akzeptiert wird dieser Lebensstil nur dann, wenn der Mitarbeiter Termine und Absprachen auf den Tag genau einhält. Zudem freut sich jeder Lektor und Verleger auf eine kurze Nachricht zwischendurch, dass man immer noch unter den Lebenden weilt und Schlag 9 Uhr am 3. Januar wieder am Arbeitsplatz anzutanzen gedenkt und es dann auch tut. Weil ich dieses Szenario in den letzten 20 Jahren immer wieder praktiziert habe, gingen mir nur zwei wichtige Auftraggeber verloren, der Rest hielt zu mir. Ähnlich verhält sich das Problem mit der ausgereizten Bordkasse. Ohne finanzielle Reserven

sollte man nicht die Welt bereisen, denn nur ganz wenigen Aussteigern gelang es, das Ruder herumzureißen und richtig Geld in der Fremde zu verdienen.
Gelegenheiten dafür gibt es beispielsweise auf den Philippinen, in Thailand, auf Bali oder in anderen schönen Ecken der Welt. Zuerst kommen immer die echten Globetrotter, dann die Aussteiger. Sie bauen die ersten Hütten für Urlauber und offerieren ihre Dienste mit Segelboot-Insel-Hopping und dergleichen. Richtig wohlhabend wurden einige segelnden Aussteiger mit neu gegründeten Surfzentren oder Tauchbasen in tropischen Revieren. Existenzgründung aus dem Bauch heraus. Wer so etwas auf die Beine stellt, der schafft es überall. Ich muss aber bekennen, dass ich selbst dafür einfach nicht der richtige Typ bin. Dienstleistung an zahlungskräftige Touristen, das ist nicht mein Bier, und deshalb werde ich auch nicht reich. Damit es weiterhin zum Blauwassersegeln reicht, arbeite ich jeweils für etwa vier bis fünf Jahre im Beruf, und gebe das ersparte Geld dann auf weiteren Reisen mit dem Segelboot aus. Als geschickter Handwerker würde ich vermutlich alles auf eine Karte setzen, und nach einem Segeltörn halb um den Erdball in Neuseeland Wurzeln schlagen. Was ich damit sagen will: Es gibt kein Patentrezept fürs sorgenfreie Aussteigerleben. Jeder muss seine eigene Linie finden, aber versuchen sollte man es auf jeden Fall, sonst hat man die Chance seines Lebens echt verpasst.

Wenn alles den Bach hinuntergeht

Wohl jeder Aussteiger auf Zeit erlebt, obwohl er sich nun am Ziel seiner Träume wähnt, irgendwann einmal einen absoluten Tiefpunkt. Die Partnerin oder der Partner ist abgehauen, das Schiff ausgeraubt, die Bordkasse vom Mitsegler geplündert, Pass, Kreditkarten und Geld beim Einkaufen »verloren.« Alle diese Ereignisse geschahen während der letzten zwei Jahren im Bekanntenkreis des Autors bei Langzeit-Seglern.

Vor solchen Schicksalsschlägen ist niemand sicher. Entscheidend ist, wie man so einen absoluten Nullpunkt überwindet. Wer bei Null aufgibt, scheitert nach den Erfahrungen der meisten erfolgreichen Langzeitsegler schon in weniger

Psychisch gestrandet in malaysischen Gewässern? Ohne persönliche Tiefschläge kommen nur wenige Langzeitsegler über die Runden. Saftige Strafen drohen im reichen Singapore, einschließlich der Prügelstrafe und Todesstrafe bei Drogendelikten.

stressigen Situationen und begräbt letztlich seine Träume vom Südsee-Paradies schon daheim. Damit es so weit nicht kommt, möchte der Autor seine ganz subjektiven Erfahrungen schildern, die er in einem ähnlichen Fall erlebte.
Als unsere *Larantuka* auf den Azoren, wohl von einem anderen Segler, ausgeraubt worden war, traf mich der Diebstahl hart unter der Gürtellinie. Mich quälte nicht nur der Verlust, sondern auch die Tatsache, dass hier ein absolut sachkundiger Dieb mein Segelboot ausgeraubt hatte, ein Segler. Die Auswahl der Gegenstände war äußerst sorgfältig aufs Hochsee-Segeln abgestimmt. Neben dem Sextanten und anderem Segelzubehör, wie ein teurer Kurzwellen-Empfänger, wurden von etwa 50 Büchern nur zwei gestohlen: »The Ocean Passages of the World« und Bobby Schenks »Navigation nur zum Ankommen«. Teure »Haushaltsgegenstände« blieben in den Schränken, dafür wurden fast sämtliche Seekarten und Hafenführer entwendet. Weil meine Frau und ich die letzten neun Monate an Bord verbracht, und wir fast ausschließlich positive Erfahrungen mit anderen Seglern in südamerikanischen und karibischen Gewässern gemacht hatten, baute sich in uns nach dem Diebstahl eine unterschwellige Aggression und ein Misstrauen gegen andere Langzeit-Segler auf. »Einer aus unseren Reihen hat unser Schiff ausgeraubt. Ausgerechnet auf den Azoren, wo jeder Segler eine Atlantik-Überquerung hinter sich hat«, so fühlten wir uns ganz besonders betrogen von den Kumpels auf den anderen Yachten der Segler-Idylle Horta. Erst nach Tagen löste sich die »Verknotung« im Gehirn. Wir dachten wieder positiver: »Erinnerst Du Dich noch an die dicke Marktfrau von Canjuan Island, die ihre Geldscheine immer in der Hose unterm Rock versteckte«? Wer soweit ist, hat das Gröbste überstanden.
Natürlich gibt es psychologische Tricks, mit deren Hilfe man die Leere im Gehirn überwinden kann. Bei manchen Aussteigern hilft schon ein langer Brief nach Hause über schwierige Phasen hinweg. Andere schauen sich ihr Tagebuch oder Album an und versetzen sich dabei zurück in die positiven Momente der Reise. In leichten Fällen von Resignation hilft eine Strandpartie mit Freunden. In mittelschweren Fällen würde ich mein Schiff in eine sichere Marina legen und einen mindestens einwöchigen Urlaub

vom Segeln an Land einlegen. In ganz schweren Fällen hilft mir zur Ablenkung die gedankliche Planung einer neuen Reise in einen völlig anderen Kulturkreis. Statt um die warmen Karibischen Inseln ein Segeltörn in die arktischen Gewässer von Spitzbergen oder Grönland? Was erwartet mich dort? Ich besorge mir Bücher, Reiseliteratur und sämtliche Berichte, die ich finden kann, auch wenn ein solcher Reiseplan zumindest derzeit absurd erscheint. Aber: Man kann ja nie wissen.

Zur immer wieder nötigen »Gehirnwäsche« betreiben wir die Segelei heute nicht mehr als ausschließliche Freizeitbeschäftigung. Über 20 Jahre lang drehte sich bei uns alles nur ums Segelboot und die nächste Reise. Heute ist für uns das Segeln und Erkunden fremder Länder immer noch das größte Vergnügen. Knapp dahinter rangiert die Perspektive aus der Luft mit dem Gleitschirm. Das »Flugzeug aus Stoff« ermöglicht bei entsprechenden thermischen Bedingungen stundenlange Flüge bis weit über 4000 Meter Höhe und Bestleistungen von über 350 Kilometer Weite, ganz ohne Unterstützung durch einen Motor. Unser höchster Startplatz lag im venezolanischen Andenstädtchen Merida auf 4600 m Höhe. Wer diese sensationellen Eindrücke erlebt hat, wird die üblichen technischen Probleme am Schiff lockerer wegstecken. »Solange mein Boot im Wasser schwimmt, ist nichts wirklich Ernsthaftes passiert,« rede ich mir ein und die Sache funktioniert. Geht man seine Probleme ohne Ausgleich verbissen an, droht einem der Kopf zu platzen. Hier ein technisches Problem, das ich nicht selbst lösen kann, dort die ständige Angst wegen der knappen Geldmittel, die eine fachgerechte Reparatur wahrscheinlich verhindern. Diese Denkensart führt ganz zwangsweise zu Spannungen mit dem Partner, der die Reise wohl akzeptiert, aber eventuell gar nicht mag. Da hilft nur noch eine hoffentlich für beide Seiten gewünschte Abwechslung vom Fahrtensegler-Alltag.

Rucksack packen, Überlandbus besteigen, einfach abhauen von dem, was wir jetzt gewohnt sind. Nur noch wiegende Palmen? Nein danke, zwischendurch sollte sich unser Kopf mit etwas völlig anderem beschäftigen. Gehirnwäsche ganz ohne Psychostress? Manche Segler schaffen diese heilsame Erfahrung nie, obwohl sie für alle Beteiligte das Beste wäre. Bobby Schenk ge-

Das Interesse an Kunst kann zeitweise deprimierte Segler wieder auf die Beine helfen. Im spanischen Küstenstädtchen Cadaguez lebten Picasso, Miro und Dali. Segelnde Kunstliebhaber sind dort voll in ihrem Element.

stand mir einmal, dass einige seiner Leser es nicht akzeptiert hätten, dass er für einige Jahre das Steuerrad seiner Yacht mit dem Steuerknüppel seiner Sportmaschine getauscht hatte. Ich verstand ihn gut – eine neue Herausforderung nach so vielen Jahren der Fahrtensegelei. Für mich ein richtiger Entschluss, der Respekt verdient, für andere Segler eine Kapitulation. Auf lange Sicht hielt sich Bobby Schenk so den Kopf für die schönen Dinge des Lebens frei, und segelt heute wieder so oft er kann an den schönsten Ecken der Welt. Ohne den zeitweiligen Ausstieg aus der Yacht-Szene wäre Bobby heute vielleicht ein griesgrämiger Besserwisser irgendwo im Südpazifik. Zum Glück für alle seine Fans hat er rechtzeitig die richtige Kurve gekriegt.

Wohin der totale Frust mit sich selbst führen kann, zeigt der fast schon tragische Fall eines Schweizer Polizeianwärters. Ende Oktober 1999 wurde er bei einer Rasterfahndung geschnappt. Auf sein Konto gingen 83 (!) ausgebrannte Segelboote und Yachten, die er innerhalb zweier Jahre meist am Züricher See in Brand gesteckt hatte. Eine unglaubliche Tat, die in der ganzen Schweiz für Aufsehen sorgte. Der Täter war Polizeianwärter bei der Züricher Wasserschutzpolizei. Entgegen seinen Hoffnungen und Plänen wurde der junge Mann wegen charakterlicher Mängel nicht in den Beamtenstatus übernommen. Dafür »rächte« er sich mit diesen Brandstiftungen. Bekannte von ihm schilderten seinen oft labilen Gemütszustand: »Er träumte schon als Jugendlicher von einer Weltumseglung mit dem eigenen Boot. Weil er sich mit dem Wasser so verbunden fühlte, war für ihn die Wasserschutzpolizei der Dreh- und Angelpunkt seiner Pläne.« Jetzt sitzt er in Haft und die Schuldenlast gibt ihm zeitlebens keine Chance mehr, seinen Jugendtraum zu verwirklichen.

Weshalb scheiterte dieser junge Mann? »Sein Leben geriet aus den Fugen, weil seine persönlichen Ziele zu eingleisig gelegt waren«, meinte ein Kollege. Vielleicht fehlte es ihm an der nötigen Motivation. Psychologen sagen: »Motivation ist der Schlüssel zum Erfolg.« Ein schöner Spruch, der sicher seine Berechtigung hat, andererseits »funktionieren« die Menschen verschieden. Segler bilden da keine Ausnahme, ganz im Gegenteil. Von vielen potentiellen Aussteigern wird das eigene Segelboot als Insel der eigenen Glückseligkeit betrachtet. Dass die Blauwassersegelei in Wirklichkeit ein ziemlich anstrengendes, oft sogar brutal hartes Geschäft bedeuten kann, wird ignoriert, weil man sich die Träume nicht zerstören lassen will. Man sollte sich nicht von den ewigen Besserwissern, die meist keine eigene hochseetaugliche Yacht haben, von seinen Illusionen abbringen lassen. Andererseits erhält man die eigene Motivation nur dann aufrecht, wenn man erreichbare Ziele auch tatsächlich verwirklicht.

Unser Außenminister Joschka Fischer ist ein gutes Beispiel dafür. Der Mann hat eine wirklich erstaunliche Veränderung an sich selbst vorgenommen, weil er sich nicht mehr leiden mochte. Jeder kennt den fetten Joschka und den heute geradezu asketisch wirkenden Politiker. Nicht nur gesundheitliche Probleme brachten ihn dazu, radikal seinen Lebensstil zu ändern, es waren auch psychische Gründe, wie er einem Läufermagazin frei bekannte. Sich selbst akzeptieren funktioniert nur dann, wenn man seine persönlichen Erfolgserlebnisse hat und sich neue schafft. Joschka Fischer wollte nicht mehr als Fettwanst angeödet werden. Seine erfolgreiche Teilnahme an verschiedenen internationalen Marathonläufen ist letztlich nur noch die Bestätigung für sich selbst, dass er sein persönliches Ziel erreicht hat. Solche Leute verdienen Anerkennung, denn über 25 Kilo abzunehmen ist kein leichtes Geschäft. Hätte sich der oben angeführte Polizeianwärter bei einer gemeinnützigen Seglergemeinschaft engagiert, dann hätte er das ganze Jahr über seine freie Zeit auf oder neben dem Wasser verbringen können. Größere Segelschulen sind für jede helfende Hand dankbar, die gegen freies Segeln anschließend die Schulboote putzt und im Winterlager versorgt. Deutschsprachige Chartergesellschaften und Touristikunternehmen sind an fleißigen Helfern interessiert, die sich für eine Saison zur Mitarbeit im Ausland verpflichten. Hand gegen Koje, warum nicht. Wer ernsthaft aufs Wasser möchte, findet seine Koje. Ins gemachte Bett kommen allerdings die wenigsten. Man muss sich vor Ort beim Skipper vorstellen, keine finanziellen Wünsche äußern und jede Drecksarbeit erledigen. Moderne Sklaverei? Nein, sondern eine Frage, wie sehr man etwas will.

Schnelles Geld für heiße Ware – So werden Drogendealer geschnappt

Die Versuchung, schnelles Geld so nebenher zu verdienen, ist bei manchen Langzeit-Seglern groß. Auf unserem letzten mehrmonatigen Segeltörn nach Venezuela wurden wir vier Mal konkret danach gefragt, ein ganz »harmloses« Geschäft abzuwickeln, das uns 5000 Dollar in die Bordkasse spülen würde. Dankend lehnten wir ab, weil wir von Drogengeschäften aber auch gar nichts halten, und mir letztlich die eventuelle Beschlagnahme unserer Yacht als absolute Horrorvorstellung im Kopf sitzt.

Segel- und Motoryachten eignen sich für den Transport von Drogen weit besser als Wohnmobile oder Pkws. Das wissen auch die Drogenfahnder. Letztlich nutzt die Beschlagnahme der Yacht und Inhaftierung der Yachties aber herzlich wenig. Das sind kleine Fische. Die kapitalkräftigen Bosse gilt es zu schnappen. Dafür wird modernste Nachrichtentechnik eingesetzt, wie uns ein Spezialist der Drogenfahn-

Die sich auf diesem Bild wohlig in der Sonne räkelnden Bootsfahrer sind Drogenfahnder, die hier an der venezolanischen Küste ihnen verdächtige Yachten kontrollieren.

dung berichtete: »Die Observation der verdächtigen Personen kann sich über Monate hinziehen. Die meisten Geschäfte werden nicht mehr in Wohnungen oder Restaurants abgewickelt, sondern in Privatflugzeugen, Luxuslimousinen und auf Yachten. Wir müssen deshalb über Fahrtrouten des Verdächtigen ständig Bescheid wissen. Früher hängte sich bei der Verfolgung über Land ein halbes Dutzend Zivilfahnder mit dem PKW oder Motorrad hinter den Verdächtigen. Meist ein Schuss in den Ofen, denn diese Verbrecher sind keine dummen Jungs und merken schnell, was da läuft. Beide Seiten lernten dazu. Mit Hilfe von satellitengestützten Ortungssystemen kann heute jedes verdächtige Fahrzeug, oder eine Yacht und ein Flugzeug rund um die Uhr verfolgt werden. Die Fahnder befinden sich kilometerweit vom Zielfahrzeug entfernt, oder sitzen vor ihrem Computer und verfolgen das Fahrzeug oder die Yacht auf dem Monitor bis auf ein paar Meter genau.«

Dazu müssen die Fahnder allerdings vorher das Fahrzeug oder die Yacht mit einem GPS-Sender präparieren. Der Experte zeigt, wie es geht: »Unsere Männer brauchen etwa eine Stunde Arbeitszeit, um jedes noch so diebstahlgeschützte Fahrzeug in einer Spezialwerkstatt präparieren zu können. Dazu muss dieses Fahrzeug auf einen Transporter aufgeladen oder abgeschleppt werden. Erfahrene Verbrecher parken deshalb ihre Wagen nie in Halteverbots-Zonen, wo sie unverfänglich abgeschleppt werden können. Parkplätze auf den Flughäfen, aber auch Konzertbesuche bei italienischen Tenören und dergleichen geben uns die nötige Zeit, das Fahrzeug kurzfristig abzuschleppen und mit dem GPS-Sender und anderen Geräten auszurüsten.« Mit den reinen Ortungsgeräten fürs Fahrzeug oder die Yacht ist es nicht getan. Entscheidend sind die Gespräche, die zwischen den Dealern stattfinden. Der Experte meint: »Wir müssen hochsensible Mikrofone und Sender installieren, die bei Nutzung des Wagens oder der Yacht aktiviert werden.« Funktechnisch gesehen sind die mobilen D1/D2-Netze nicht nur zum legalen Telefonieren eine feine Sache, sie bieten den Fahndern auch eine flächendeckende Abhörmöglichkeit der Gespräche über eine spezielle Frequenzschaltung, die mit dem normalen Handybetrieb oder der Seefunkstelle nichts zu tun hat. Letztlich wird jedes gesprochene

Yachten diesen Kalibers werden oft monatelang diskret beobachtet. Dann schnappt die Falle der Drogenfahnder zu.

Wort von den Fahndern aufgezeichnet, das im Wagen oder auf der Yacht gewechselt wird. Dabei spielt es keine Rolle, ob der Fahrer sein Handy oder sein Seefunkgerät eingeschaltet hat.
Wie lassen sich die modernsten Diebstahlsicherungen überwinden, die Automobil-Hersteller in ihre Luxuslimousinen einbauen? »Ohne Ausnahme stellen uns alle bekannten Autofirmen auf Anfrage die gewünschten Zweitschlüssel zur Verfügung. Selbst die Generation 3-Schlüsselchips sind nicht »diebstahlsicher«, weil die Codierung im Werk bekannt ist. Über ein sogenanntes Notprogramm lassen sich diese Codierungen von uns »knacken«, ohne dass der Besitzer davon etwas merkt. Die absolute Diebstahlsicherung gibt es nicht, und deshalb öffnen unsere Spezialisten jeden Wagen oder jede Yacht, ohne dass das Fahrzeug auch nur einen Kratzer bekommt. Weder der unter Beobachtung stehende Skipper, noch der Chauffeur bemerken etwas von unserem Eindringen, jede Kippe, jeder sonstige herumliegende Gegenstand liegt auf den Millimeter genau auf seinem vorherigen Platz«, klärt uns ein Experte auf.
Im Gegensatz zu den früheren, eher kurzlebigen Abhöranlagen, werden die oben geschilderten GPS-Ortungs- und Mithöranlagen heute über die Pkws mit der nötigen Energie aus dem Bordnetz versorgt. Bei Bedarf bis zum Ende in der Schrottpresse. Das Geschäft mit den Drogen wird mit diesen Maßnahmen nicht unterbunden, aber noch nie war die beschlagnahmte Rauschgiftmenge größer, als in den vergangenen drei Jahren, seit diese Geräte eingesetzt werden.
Im Herbst 1999 wurde bei einem einzigen, 40 Mann starken Dealerring, Heroin im Wert von knapp einer Milliarde DM beschlagnahmt! Letztlich sind die Fahndungserfolge

dennoch nur ein Tropfen auf dem heißen Stein. Noch immer liegt die Beweislast von beschlagnahmten Drogengeldern bei den Ermittlern, nicht bei den Verdächtigen. Bei umgekehrter Beweislast, wie es in den USA der Fall ist, würde der finanzielle Reiz von Drogengeschäften spürbar nachlassen, meinen die Fahnder nicht ohne Grund. Immer wieder scheitert die Strafverfolgung von Drogendealern schlicht am nötigen Geld.

Als Blauwassersegler mit schmaler Bordkasse erscheint ein kleiner Drogentransport als eine fast risikolose Sache. In Wirklichkeit ist dies der vollzogene Einstieg in den Verteilerkreis der Drogensyndikate. Jetzt gehört man dazu, so einfach wieder Aussteigen geht dann nicht mehr. Der Skipper und seine Yacht werden nun bis zur fast sicheren Festnahme als Drogenkurier benutzt. In den letzten drei Jahren wurden allein in Holland 21 Yachten wegen Drogengeschäfte beschlagnahmt. Wer über die Tischkante sieht, verzichtet als Segler tunlichst aufs angeblich so problemlose Geschäft als »nichtsahnender« Transporteur von Rauschgift und Drogen.

Es verfällt übrigens immer mal wieder der eine oder andere Bootseigner oder -charterer auf den Gedanken, auf eigene Rechnung ins Drogengeschäft einzusteigen, statt sich lediglich für ein paar lächerliche Piepen als Kurier benutzen und andere den Reibach machen zu lassen. Ich kann nur jeden davor warnen, solchen Gedanken auch Taten folgen zu lassen, denn

Unauffälliger Warenumschlag auf griechischen Inseln? Hier fand man schon Rauschgift in Gasflaschen, Melonen, Mehlsäcken und in den Tanks von Frachtern versteckt.

unabhängig von den schweren Strafen, die gegen Drogenhändler überall auf der Welt zur Anwendung kommen, leben solche »Kleinunternehmer« ganz besonders gefährlich. Die allfällige Abrechnung im Drogenmilieu hat nämlich schon so manchen Aussteiger und Langzeitsegler das Leben gekostet. Wer im Eigenbedarf oder in der Aussteiger-Szene kifft, bekommt vielleicht nur Ärger mit den Behörden. Die echte Gefahr lauert beim Dealen, denn hier verdirbt man das Geschäft der Profis. So wurde Mexikos berühmtester Fernsehstar Francisco »Paco« Stanley auf der Stadtautobahn von Mexiko Stadt zusammen mit seinem Fahrer und zwei Leibwächtern aus einem parallelfahrenden Auto heraus beschossen – Bilanz: zwei Tote, zwei Schwerverletzte, von den Tätern fehlt jede Spur.
Die Autopsie der Leiche von Paco Stanley ergab zweifelsfrei eine starke Abhängigkeit von Kokain und anderen Drogen. Der populäre Fernsehstar versorgte nach Erkenntnissen der Polizei die mexikanische bessere Gesellschaft mit dem nötigen Stoff auf eigene Rechnung. Bei den polizeilichen Ermittlungen stieß die Kripo auf einen deutschstämmigen Geschäftsmann. Besser gesagt, einen Langzeiturlauber, der Ende der achtziger Jahre fünf Jahre in einem deutschen Gefängnis wegen Drogenhandels einsaß, dann nach seiner Entlassung als Immobilienmakler in Spanien deutschen Rentnern zu überteuerten Ferienhäusern verhalf. Nachdem die allgemeine Wirtschaftskrise den Boom Mitte der 90er Jahre zum Erliegen brachte, verlegte der Lebenskünstler seinen Wohnsitz nach Mexiko Stadt. Dort konzentrierte er seine Aktivitäten auf komplett eingerichtete Luxusapartements für Schweizer und deutsche Geschäftsleute. Als Isolationsmaterial der Kühlschränke dienten Drogenpakete, statt der üblichen Schaumstoffmaterialien. Keine schlechte Idee, wer vermutet schon in einem jungfräulich weißen Kühlschrank harte Drogen? Angeblich soll ein schlecht bezahlter Elektriker der Ferienhaussiedlung die Polizei informiert haben. Er war kurzfristig für einen erkrankten Kollegen eingesprungen, der bislang die Elektrogeräte installiert hatte. Dem neuen Elektriker fiel auf, dass die gelieferten Kühlschränke alle aus venezolanischer Produktion stammten, obwohl Mexiko selbst über eine anerkannt fortschrittliche Kühlschrankproduktion verfügt.

Die Kühlschränke aus Venezuela brachten ihre nichtsahnenden Besitzer schon bald mangels adäquatem Isolationsmaterial ins Schwitzen. Der Elektriker ging der Sache auf den Grund und damit flog der Schwindel auf.
Der bisherige Elektriker entpuppte sich als langjähriger Vertrauter des deutschen Geschäftsmanns, er befreite die venezolanischen Kühlschränke von ihrem brisanten Isolationsmaterial. Schon in der Vergangenheit benutzte die kolumbianische Rauschgiftmafia Venezuela als Dreh- und Angelpunkt ihrer milliardenschweren Rauschgift-Aktivitäten. Jetzt sitzt unser deutscher Mexiko-Fan wieder im Knast. Ob er an dem spektakulären Mord des Fernsehstars Paco Stanley

Die Pitons: Faszinierende, längst erloschene Vulkane auf St. Lucia. Weil fast jede karibische Insel ein selbstständiger Staat ist, fühlen sich europäische Anlagebetrüger dort ganz offensichtlich wohl und sicher vor der deutschen Justiz. Dank hoher Fangprämien werden dennoch die meisten geschnappt.

wirklich beteiligt ist, wird sich zeigen. Vielleicht stirbt er eines plötzlichen Todes. Der brave Elektriker hat bereits am siebten Tag nach seiner ersten Aussage an einer unerklärlichen Herzschwäche das Zeitliche gesegnet, und auch sein Kollege dürfte nach Lage der Dinge über kurz oder lang diese Erde auf rätselhafte Weise verlassen.
Also, in jeglicher Weise Finger weg von Drogen jeder Art!

Profitable Geschäfte mit Bootsflüchtlingen

Segelyacht als Versteck

Es ist schon eine paradoxe Situation. Auf der einen Seite zieht es immer mehr europäische Touristen nach Kuba, und auf der anderen Seite möchten viele Kubaner ihre schöne Insel so rasch wie möglich verlassen. Weil dies auf legalem Weg kaum möglich ist, wird mit jedem nur denkbaren schwimmenden Untersatz die riskante Flucht gewagt. Unzählige Flüchtlinge ertranken in plötzlich aufkommenden Stürmen, andere wurden Opfer von Haifischen und nicht wenige dieser Wirtschaftsflüchtlinge wurden über Bord geworfen, weil der marode Kahn zu kentern drohte. Für 10.000 Dollar pro Person verdienen sich professionelle Schleuser mit schnellen amerikanischen Motoryachten und Segelyachten eine goldene Nase bei diesem miesen Geschäft. Das Ziel ist die Küste von Florida. Wer hier amerikanischen Boden betritt, darf bleiben und erhält eine unbefristete Aufenthaltsgenehmigung, das Bleiberecht. Im ersten Halbjahr 1999 gelang immerhin 1200 Kubanern meist mit Hilfe von Verwandten die Flucht übers Meer. Weitere 800 Bootsflüchtlinge wurden auf See abgefangen und nach Kuba zurückgebracht. In den letzten zehn Jahren registrierte die amerikanische Küstenwache über 150.000 illegal eingereiste Kubaner, die mit Fidel Castros edelkommunistischen Wirtschaftsreformen nichts mehr zu tun haben wollten. So mancher europäische Langzeitsegler kommt da ins Grübeln und sieht eine Chance, die Bordkasse auf die Schnelle aufzufüllen. Vor zehn Jahren konnten sich deutsche Segler in kubanischen Küstengewässern als »nicht erwünscht« betrachten. Heute floriert das Geschäft mit den europäischen Charterbasen auf Kuba. Fast die ganze kubanische Küste darf seglerisch erforscht werden, denn die Yachties bringen ordentliches Geld in Form von Devisen in die knappe Staatskasse. Etwas restriktiver wird die Rolle der europäischen Langzeitsegler mit eigenem Schiff gesehen. Wird hier mit Handfeuerwaffen oder harten Drogen gehandelt? Werden diese Yachten zum Transport von Flüchtlingen benutzt? Der schweizerische Langzeitsegler Marty F. ließ sich zu einem idealistisch motivierten Flüchtlingstransport hinreißen und verlor alles, was er besaß: »Du kannst mir glauben, ich wollte meinen neuen kubanischen Freunden einfach nur helfen, damit sie eine Zukunft haben. Wir kamen überein, dass ich nach dem Ausklarieren die vier Freunde in der einbrechenden Dunkelheit gefahrlos an Bord nehmen könnte. Wir legten den Plan so an, dass man vom Ufer aus die Übernahme nicht einsehen konnte.« Die Aufnahme der schwimmenden vier Kubaner klappte zunächst wie am Schnürchen. Keine 30 Minuten später war der Traum schon wieder ausgeträumt. Mit Hilfe von wärmeregistrierenden, infrarotgesteuerten Überwachungskameras waren die Flüchtlinge längst geortet worden. Die kubanische Küstenwache wollte das ganze Vorhaben nur zu Ende bringen lassen, damit die Beweisführung eindeutig war. Marty F.: »Marinesoldaten übernahmen meine Yacht und inhaftierten meine Freunde. Gegen Zahlung von 50.000 Dollar kann ich die Yacht wieder auslösen. Weil ich das Geld nicht auftreiben kann, habe ich alles verloren. Es ist einfach eine Riesensauerei, dass die Staatsmacht ihre Bürger kaserniert«.

Auch rings ums Mittelmeer brennt es. In politisch unsicheren Zeiten herrscht Hochbetrieb im Schleusergeschäft. Immer mehr Yachten und ihre Skipper sind im Menschenschmuggel involviert, weil sich mit Kleintransporten der Ware »Flüchtling« auch eine ordentliche Menge Geld verdienen lässt. Zwischen 2000 und 3000 Mark pro Nase kostet die Überfahrt der kurdischen Flüchtlinge mit der Yacht oder dem kleinen maroden Frachter von der türkischen Südküste nach Italien. Die Preise steigen, weil sich der Deal nicht ohne die notorisch unterbezahlten Zöllner und Polizisten in »geregelten Bahnen« durchführen lässt. Ohne Moos drückt niemand beide Augen zu.

Auch ohne gültigen Reisepass lässt sich die Grenze zwischen Rest-Jugoslawien und Budapest/Tschechien von Kosovo-Albanern anstandslos überqueren. Man bezahlt einfach 1000 Mark extra, dann klappt es schon mit der Einreise im jugoslawischen Reisebus. »Die unterbezahlten Grenzer stehen mehr oder minder auf der Lohnliste der Busunternehmer«, meint ein Experte vom Bundesgrenzschutz. In Budapest werden die Flüchtlinge in Massenlagern untergebracht. Jetzt gilt es, die 3000 Mark teure Weiterfahrt nach Deutschland zu finanzieren. Weil kaum ein Flüchtling so viel Geld in der Tasche hat, wird die Verwandtschaft in Deutschland kontaktiert. Sie wird, wie auch immer, das nötige Geld beschaffen. Jetzt fließen Millionen Mark auf deutsche Girokonten und keine noch so feine Bank fragt nach dem »Woher und Wohin« des Geldes.

Ein leitender Beamter des Bundesgrenzschutzes sagt: »Menschenschmuggel ist nach dem Drogenhandel das einträglichste Geschäft für Leute, die es darauf anlegen, mit überschaubaren Risiken schnell ans großes Geld zu kommen. Die Hintermänner werden selten erwischt, die kleinen Fische schon häufiger«. Bestens durchorganisierte Schlepperbanden schleusen derzeit monatlich etwa 5000 Flüchtlinge aus Afghanistan, dem Irak, der Türkei und aus dem Kosovo, aber auch aus Tunesien oder Algerien in die EU-Länder ein. Weil Deutschland als Land mit einer liberalen Asylanten-Politik gilt, kann man den Flüchtlingen nicht verdenken, dass sie hier das gelobte Land sehen.

Im Februar 1999 registrierte der Bundesgrenzschutz (BGS) allein 2500 illegal eingewanderte Flüchtlinge an den deutschen Ostgrenzen. Oft herrscht dort ein so reger Fußgängerverkehr auf den Schleichwegen im sächsischen Erzgebirge, die von infrarot- gesteuerten Suchgeräten kontrolliert werden, dass es zu regelrechten Stauungen auf den engen Pfaden beim illegalen Grenzübertritt kommt. Ein BGS-Beamter berichtet: »Drei VW-Busse und einen Mercedes-Transporter hatten wir schon vollgeladen, aber immer noch entdeckten wir weitere Flüchtlinge aus dem Kosovo auf der Fahrt nach Cranwinckel ins Quartier. Wir konnten sie nicht überprüfen, weil es einfach keinen Platz mehr in den Transportern gab«. Wer bei der illegalen Einreise geschnappt wird, kann von den deutschen Grenzern nur registriert und dann nach Tschechien zurückgebracht werden. Er ist dort ein freier Mann und wird nach den Erfahrungen der Grenzer mit fast absoluter Sicherheit den illegalen Grenzübertritt noch einige Male wagen. Der Rekord liegt bei sieben Festnahmen derselben Person an der sächsischen Grenze. Das Risiko

ist für die Flüchtlinge an der deutschen Grenze gleich Null. Niemand wandert deswegen in den Knast. Mit jedem Kilometer, den man sich von der Grenze entfernt, wächst die Chance zum Bleiben. »Die meisten Flüchtlinge ziehen eine Großstadt als Anlaufpunkt vor. Dort stellen sie mit Hilfe von Verwandten und Anwälten auf dem Amt ihren Asylantrag und verschweigen dabei natürlich die Reiseroute geflissentlich. Sonst hätte die Behörde die Handhabe zur umgehenden Abschiebung ins Nachbarland«.
Wie verhält sich die italienische Justiz, wenn eine deutsche Yacht geschnappt wird, die, vielleicht auch aus humanitären Gründen, eine kurdische Familie nach Italien gebracht hat? »Die Yacht wird beschlagnahmt, an die Kette gelegt und nach Zahlung einer vom Gericht festgelegten Summe wieder freigegeben«. So schildert ein Anwalt die übliche Praxis in der Region Bari: »Der deutsche Skipper kommt im Erstfall meist mit einer Geldstrafe davon. Im Wiederholungsfall muss er mit einer Haftstrafe von bis zu drei Jahren rechnen. In diesem Fall wird die Yacht immer konfisziert und meistbietend veräußert.« Einer trieb es auf die Spitze, der Aachener Erwin Simon (Name geändert; d. A.).
Erwin (56) kennt sich im Yachtgeschäft bestens aus. Acht Jahre lang Skipper einer 52 Fuß großen Ketsch im Mittelmeer und in der Karibik. Dann verlor er sein Schiff zwischen Grenada und St. Lucia, weil er in der Nacht auf ein Riff fuhr. Trotz erheblicher Bedenken

Viele ausländische Flüchtlinge landen auf den Bahama Islands. Von hier aus ist es nur noch ein Katzensprung mit dem Wasserflugzeug oder einem schnellen Motorboot bis zur amerikanischen Küste nach Florida.

bezahlte die Kasko-Versicherung die vereinbarte feste Taxe aus.
Erwin war in früheren Jahren ein recht erfolgreicher Immobilienmakler, der mit sogenannten Hausherren-Steuerspar-Modellen viel weißes und auch schwarzes Geld verdient hatte. Seine Karriere endet abrupt, als seine Frau ihm wegen einer Affäre mit seiner Sekretärin Bett und Stillschweigen aufkündigte.
Nach seiner Verurteilung und Zahlung einer hohen Geldstrafe setzte er sich nach Griechenland ab. Dort kaufte er sich eine gebrauchte 16 Meter lange Goulette. Auf diesem stebigen Motorsegler ließ es sich gut leben und nebenher auch noch Geld mit Tagesfahrten verdienen.
Ein Ausstieg für immer ganz ohne finanzielle Probleme? Mitnichten. Erwin: »Der Hotelmanager bekam zuerst 15 % Provision für die Vermittlung der Gäste, der griechische Staat ging leer aus. Wir hatten eine gute Saison. Jetzt wollte der Hotelmanager immer höhere Provisionen, zuletzt waren es 30 Prozent und selbst die Kellner hielten die Hand bei mir auf. Schließlich blieb mir nichts anderes mehr übrig, als den guten Standort zu wechseln, weil andere ›Kollegen‹ mir mit einer Anzeige wegen illegaler Vercharterung ohne Arbeitserlaubnis drohten. Also verließ ich das Revier und segelte nach Bodrum/Türkei. Dort wollte ich eine offizielle Lizenz für ein Charterunternehmen beantragen. Als ich meine Wünsche vortrug, wurde ich ausgelacht und wegen Arbeitsüberlastung und Urlaubsvertretung auf Wochen hin vertröstet.«
Mit kräftig Schmiergeld klappte es dennoch mit einer befristeten Arbeitserlaubnis als Skipper auf seinem Motorsegler, der nun unter türkischer Flagge laufen sollte. Dazu musste zuerst das Schiff ganz offiziell in die Türkei eingeführt werden, dort wurde es an einen türkischen Strohmann, der von Beruf Rechtsanwalt war, weiterveräußert und dann als türkische Charteryacht registriert. Erwin: »Ohne den Anwalt und einen fixen Agenten wäre ich ständig im Kreis herum gelaufen. Die Sache mit der Zulassung hat mich über 60.000 Mark gekostet. Mein größtes Handicap war das griechische Schiff. Da wird in türkischen Amtsstuben gemauert, als ob man einen Schützenpanzer als Freizeitfahrzeug zulassen wollte.«
Nach einer relativ erfolgreichen ersten Saison kam das Geschäft mit den Tagesfahrten im zweiten Jahr

fast zum Erliegen. »Öcalans PKK-Aktivisten ließen in einigen Ferienzentren Bomben hochgehen, das führte bei den erschreckten Touristen zu panikartigen Stornierungen ihrer Türkeireisen. Die Kosten für meinen Segler stiegen um über 50 Prozent innerhalb eines Jahres an. Ohne Ausgleich durch mehr Touristen stand mir das Wasser am Hals. Mit kleinen ›Gefälligkeiten‹ hielt ich mich über Wasser.«
Viermal schleuste Erwin mit seinem Motorsegler zahlungsbereite kurdische Flüchtlinge von der Türkei nach Griechenland. »Weil meine Goulette in Griechenland gebaut wurde, fiel sie nicht auf. Natürlich fuhren wir unter griechischer Flagge. In der Nacht schraubte ich die Namensschilder und die Registriernummern weg und ersetzte sie durch neue Schilder eines fast identisch gebauten Motorseglers der gleichen Werft. Die Schiffspapiere führten wir in ›abgeänderter‹ Form als Duplikat mit. Natürlich verlangt der Zoll die Originale. In Griechenland kann man die aber bei Anforderung innerhalb einer Woche nachreichen. Zeit genug für einen schnellen Abgang.«
Bei der fünften Fahrt fiel Erwins Motorsegler der griechischen Küstenwache auf. Der ganze Schwindel flog auf und Erwin sah das düstere zyprische Hafengefängnis von innen. Mit zweieinhalb Jahren Haft auf Bewährung und einer Geldstrafe von umgerechnet 90.000 DM kam er nach neun Monaten Untersuchungshaft frei. Die Anwaltskosten beliefen sich auf über 30.000 DM, die seine Ex-Gattin bezahlte. Erwins Motorsegler wurde konfisziert. Ein unrühmliches Ende vom angenehmen Leben als Tagesskipper in südlichen Gefilden. Einziger Trost: Erwins Ex-Frau hat sich mit ihrem Ex wieder versöhnt. Jetzt plant das Paar eine neue Karriere als Marina-Betreiber auf den Kanarischen Inseln.
Dort floriert übrigens das Geschäft mit den illegalen Einwanderern besonders gut, weil die Überfahrt von der nordafrikanischen Küste für kleine Frachtschiffe und Segelyachten einfach ist. Stürme sind selten, und die marokkanische Küstenwache soll beide Augen zudrücken, wenn das Geschäft in »geregelten Bahnen« abläuft, erzählte uns ein deutscher Segler, der auf Ausbildungstörns dort sein Geld verdient und schon einige in Seenot geratene Bootsflüchtlinge zwischen Larache/Marokko und Fuertaventura aufgelesen hat:
»Die Meerenge von Gibraltar wird

heute von der spanischen Küstenwache so intensiv bewacht, dass nur noch wenigen Nordafrikanern die Flucht gelingt. Zudem kommen jedes Jahr etwa 1000 Marokkaner, Algerier und Schwarzafrikaner bei der oft stürmischen Überfahrt ans spanische Festland um. Da werden die meist offenen Fischerboote von Containerfrachter übermangelt oder an Steilküsten ausgesetzt. Keiner schert sich um die armen Teufel, denn mit ›boat people‹ will kein Kapitän etwas zu tun haben. Eine Rettungsaktion in diesem Seegebiet bringt nur Ärger und Zeitverlust. Deshalb wird heute über die Kanarischen Inseln das Geschäft abgewickelt.« Die spanische Guardia Civil nahm 1997 112 illegale Einwanderer allein auf der Kanareninsel Fuertaventura fest. 1998 waren es schon nahezu dreimal so viel, und im Herbst 1999 wurden fast 1700 Flüchtlinge registriert. Die Dunkelziffer ist hoch, denn schon heute sieht man in den Touristenzentren viele Schwarzafrikaner, die illegale Kleingeschäfte betreiben.

Die Kanarischen Inseln werden von immer mehr afrikanischen Flüchtlingen angesteuert. Im Hafen von Santa Cruz/La Palma kontrolliert die Fremdenpolizei unauffällig jede einlaufende Yacht, die von Marokko her die neue Marina (vorne im Bild) ansteuert.

So ganz ohne Risiko ist die 100 Seemeilen weite Überfahrt vom afrikanischen Kontinent zu den Kanarischen Inseln doch nicht. Sieben Leichen nordafrikanischer Bootsflüchtlinge trieben im Herbst 1999 an den Strand Fuertaventura. Manchmal ist der schwache Passatwind nicht so harmlos, wie man meint. Dunkelhäutige Flüchtlinge fallen natürlich sofort den Bewohnern der kleineren Kanareninseln auf. So wurden 29 Schwarzafrikaner aus Sierra Leone halbverhungert am Strand der kleinen Insel Hierro ertappt, wie sie im Morgengrauen nach etwas Essbarem in den Feldern suchten. Ihr Reiseziel war die französische Mittelmeerküste.

Die meisten Flüchtlinge erhoffen sich in Spanien, Frankreich oder Deutschland eine bessere wirtschaftliche Zukunft. Politisch verfolgte Asylanten sind die Ausnahme. Im Gegensatz zu Deutschland werden illegale Einwanderer von der Guardia Civil nach Feststellung der Personalien umgehend nach Casablanca oder Algier zurück gebracht. Ein entsprechendes Gegenabkommen zwischen diesen Ländern wurde jetzt erneuert. Was aber passiert mit den Bootseignern, die aus Profitsucht die Fahrt ermöglicht haben? Das Schiff kommt an die Kette, wird beschlagnahmt und der Eigner bzw. Schiffsführer bekommt als Ersttäter eine Geldstrafe über den doppelten Preis, den die Bootsflüchtlinge bezahlen mussten. Mit etwa 5000 Mark Buße pro Mann müssen Yachties rechnen, die das so verlockende Geschäft abgewickelt haben. Die beschlagnahmte Yacht wird an Yachtmakler verkauft und dort meistbietend veräußert oder versteigert. Der Erlös geht an die Staatskasse.

Afrikanische Flüchtlinge müssen umgerechnet ca. 3000–5000 Mark für die Überfahrt von der nordafrikanischen Küste zu den Kanarischen Inseln bezahlen. Das Geschäft erledigen meist reviererfahrene Kapitäne eines Fischkutters, oder auch klamme Yachties. Wer erwischt wird, muss mit saftigen Geldstrafen und der Beschlagnahme der Yacht rechnen.

Krank im Ausland

Weshalb eine Auslands-Reiseversicherung so wichtig ist

»Nie war ich gesünder als auf dem Meer.« Glaubt man den meist positiven Erzählungen erfahrener Weltumsegler, ist das Thema Kranksein im Ausland kein ernstes Problem. Ganz im Gegenteil: Auf See wird man nicht krank. So ist die fast einhellige Meinung der Yachties. Seit gut 30 Jahren ist auch der Schreiber dieser Zeilen mit dem Segelboot für Monate unterwegs und noch nie war er, Frau und Kinder eingeschlossen, länger als zwei Tage an die Koje gefesselt. Dennoch hat wohl jeder Langzeit-Segler Angst vor schwerer Krankheit an einem Platz, wo die ärztliche Versorgung so bescheiden ist, dass die eigene Bordapotheke als bessere Alternative zu einem Rattenloch erscheint, das sich Krankenhaus nennt.

Berühmte Segel-Legenden wie Bernard Moitessier, Eric Hiscock oder jetzt auch Amerika-Umsegler Clark Stede segelten ohne Schutz einer Krankenversicherung viele Jahre lang in den entlegendsten Gegenden der Welt, ohne es bereut zu haben. Erschwerend kam hinzu, dass Moitessier und Stede die meiste Zeit allein an Bord waren. Moitessier erzählte dem Autor einmal auf dem Ankerplatz von La Paz in der Baja California, dass er nie das Geld für Krankenversicherung, Rentenansprüche oder auch eine Kasko-Versicherung für seine Yachten hätte bezahlen können. Annie Hill lebt und segelt mit ihrem Mann seit über zehn Jahren in den »seglerischen Outbacks« wie Uruguay und vermisste noch nie eine Krankenversicherung: »Die monatliche Prämienrechnung entspricht fast den Lebenshaltungskosten in einem billigen Land. In solchen Ländern ist die Krankenversorgung extrem preiswert, und nach unseren Erfahrungen auch ausreichend.«

Tatsächlich sind die medizinischen Leistungen der Ärzte in Entwicklungs- oder Dritte-Welt-Ländern oft weit besser, als man aus der Ferne annehmen würde. Der Autor erlebte folgenden Fall mit: In einem indischen Krankenhaus verzichteten die Ärzte mangels Schienen und

Gips bei einem neunjährigen Mädchen nach einem komplizierten Beinbruch auf den üblichen Gipsverband und banden dafür das Bein an einer Schlingenkonstruktion hoch. Der Bruch heilte einwandfrei aus, obwohl das Mädchen anfangs starke Schmerzen hatte. Für uns verwöhnte Mitteleuropäer ist das starker Tobak, in Dritte-Welt-Ländern die Normalität. Entsprechend moderat sind die Behandlungskosten für alle, die Hilfe benötigen. Auf St. Lucia/Karibik kostet der Aufenthalt im städtischen Krankenhaus für Einheimische pro Tag zwischen fünf und 25 DM, je nach dem, ob mit oder ohne Verpflegung. Ausländische Patienten bezahlen etwa das Doppelte, oder werden auch einmal umsonst behandelt, wie sozial schwache einheimische Bewohner. Nur ein paar Seemeilen weiter kostet auf der französischen Insel Martinique der Krankenhaustag entsprechend dem Preisniveau im französischen Mutterland mindestens 160 DM. Für deutsche Segler gilt dort das EU-Sozialversicherungsabkommen. Auf St.Lucia bezahlt man die Krankenhauskosten aus eigener Kasse.
Kranksein im Ausland kann dramatische Folgen haben. Der ADAC bringt es auf den Punkt: In den USA

In diesem asiatischen Geschäftshaus befindet sich eine Klinik. Acht Betten, zwei Ärzte und sechs Krankenpfleger gewährleisten eine Versorgung rund um die Uhr.

bezahlen Urlauber bis zu 1000 Dollar für eine Nacht in einem Krankenhaus (Quelle: ADAC-Motorwelt Heft 4/99). In Venezuela werden Karibik-Segler für 25 US-Dollar im Spital versorgt. Wer im französischen Departement Réunion/Indischer Ozean ins Krankenhaus von St.Denis eingeliefert wird, erhält mit seiner deutschen AOK-Karte ohne zusätzliche Kosten umfangreiche ärztliche Versorgung, als sei er zu Hause. Alles eine Frage der lokalen Verhältnisse und eventueller Sozialversicherungs-Abkommen einzelner Länder wie der EU.
Die USA sind sicher ein abschreckendes Beispiel für überzogene

Krankenhauskosten. Die Erfahrung aller Langzeitsegler zeigt, dass die Notfall-Versorgung mit oder ohne Geld in der Tasche in jedem Land gewährleistet ist. Auch in den USA helfen städtische Krankenhäuser weiter, wenn private Krankenhäuser die Aufnahme verweigern. Viele illegal eingereiste mexikanische Einwanderer werden ohne Geld, Kreditkarte und Krankenschein in kalifornischen Krankenhäusern medizinisch notversorgt.

Bei langwierigen Behandlungen steht jedem Kranken ohne zusätzliche Auslands-Reiseversicherung, mit oder ohne den üblichen Kranken-Versicherungsschutz, das »Wasser bis zum Hals«. Die deutschen Krankenkassen richten sich bei der Bezahlung der ausländischen Krankenhaus-Rechnung nach den deutschen Vergleichszahlen. Den Differenzbetrag zwischen amerikanischen und deutschen Krankenhauskosten muss der Patient als Schuldner dieser Forderung selbst bezahlen!

500 Mark Selbstbeteiligung je Tag sind keine Seltenheit, für die der Patient mit seinem ganzen Vermögen selbstschuldnerisch grade stehen muss. Dies gilt auch für die EU-Länder und andere nicht EU-Länder, wie die Schweiz, mit denen die BRD ein Sozialversicherungs-Abkommen unterzeichnet hat. Im letzten Sommer fiel ein spanischer Segler, und damit EU-Bürger, an seinem Ankerplatz auf Korsika vom Mast. Er brach sich das Becken und erlitt schwere innere Verletzungen. Die Erstversorgung mit drei Operationen wurde von französischen Ärzten vorgenommen. Pedro hatte Glück im Unglück, er wird wieder segeln können. Das dicke Ende kam per Post. Der vierwöchige Krankenhausaufenthalt in Bastia/Korsika wird von seiner spanischen Krankenversicherung nur zu zwei Dritteln übernommen, weil die vergleichbaren spanischen Krankenhaustarife um ein Drittel niedriger liegen. Unter dem Strich muss Pedro Alvaraz DM 15.800,– aus eigener Kasse an seine spanische Krankenversicherung zurückzahlen, weil er laut allen Versicherungsbedingungen der Schuldner dieser Forderung ist. Gleiches gilt für alle deutschsprachigen Versicherungsnehmer. Es spielt dabei keine Rolle, ob man pflicht- oder privatversichert ist!

Mit der Auslandsreise-Krankenversicherung ist man für rund 15 Mark im Jahr diese Sorgen im Wesentlichen los. Die Auslandsreise-Krankenversicherung sollte für jeden

Reisenden absolute Priorität haben. Sie bezahlt den Differenzbetrag oder meist auch die vollen Kosten, wenn sich keine andere Krankenversicherung »zuständig fühlt«. Die Ausnahmen werden gleich genannt. Im obigen Fall übernähme die Auslandsreise-Krankenversicherung den Differenzbetrag zwischen den spanischen und französischen Krankenhaus-Tarifen von 15.800,– DM, den Pedro Alvaraz aus eigener Kasse bezahlen muss. Die strittigen Gesundheitsreformen unserer deutschen Regierungen führte schon in den vergangen Jahren zu spürbaren Leistungseinbußen, wenn man im Ausland medizinische Hilfe benötigte. Dies gilt besonders bei der Zahnbehandlung. Hier werden nur noch schmerzstillende Behandlungen voll bezahlt. Bei fast allen sonstigen Leistungen muss der Patient einen Eigenanteil zuzahlen, der unter dem Strich schon ein paar hundert DM betragen kann. So muss der Patient auf eigene Kosten Bergungsflüge von der Unfallstelle mit dem Hubschrauber begleichen. Der medizinisch notwendig erscheinende Rückflug in die Heimat ist keinesfalls gesichert, wenn die medizinische Versorgung im Ausland von unseren Krankenversicherern als gewährleistet angesehen wird (siehe auch das folgende Kapitel).

Die USA, Südafrika, aber auch Australien, Neuseeland, Singapur oder auch die Schweiz verfügen über eine eher bessere medizinische Infrastruktur als Deutschland. In vielen »ärmeren« Ländern ist ein deutschsprachiger Patient ein willkommener Gast im Krankenhaus, weil er sicheres Geld in die Krankenhauskasse bringt. Beispiel Türkei: Dort bedarf es oft hartnäckiger Verhandlungen der Angehörigen mit dem behandelnden Arzt, dass dieser seinen »reichen Patienten« in die Heimat entlässt. Wenn dieser Arzt aus medizinischen Gründen einen Rücktransport in die Heimat des Patienten als zu riskant, wenig sinnvoll oder nicht für opportun hält, nützt die beste Auslandsreise-Rückholversicherung mit dem ADAC oder DRF-Ambulanzflugzeug nichts. Der Flug findet so nicht statt. Die medizinische Notwendigkeit des Rücktransports muss der behandelnde Arzt im Ausland bescheinigen.

Welche Kosten übernimmt nun die Auslandsreise-Krankenversicherung?

Die Leistungspflicht entspricht der der gesetzlichen oder privaten

Wer im Ausland ernsthaft erkrankt, braucht nicht nur medizinische Hilfe. Die meisten Kranken fühlen sich in der fremden Umgebung dann besonders verletzbar und somit unwohl, was nicht unbedingt zu ihrer Genesung beiträgt. Ein medizinisch bewanderter Dolmetscher ist dann Gold wert. Deutsche Botschaften vermitteln diese Fachleute.

Kasse des Patienten für eine maximal 30-tägige Reise. Das höchste Eintrittsalter in die Auslands-Reisekrankenversicherung liegt derzeit bei 75 Jahren – Policen über die Debeka-Krankenversicherung, Postfach 460, 56068 Koblenz. Die anderen Versicherer dieser Sparte übernehmen das Risiko für nur bis zu 70-jährige Personen. Keine Regel ohne Ausnahme. Derzeit kann die Gültigkeitsdauer bei 16 deutschen Versicherungen auch für längere Laufzeiten und ein höheres Alter erweitert werden, sofern man ein »guter Kunde« ist. Langzeit-Reisekrankenversicherungen erlauben einen ununterbrochenen Auslandsaufenthalt von bis zu einem Jahr. Die Prämien liegen nach Auskunft der Verbraucher-Zentrale AgV (Adresse am Kapitelende) zwischen DM 837,– und etwa 1000,–. Die preiswertesten Langzeit-Auslandsreiseversicherungen bieten

nach Marktübersicht des Autors derzeit die Familienfürsorge, Volksfürsorge, Victoria, Central, Vereinigte, Deutscher Ring und die Concordia an.
Mit einem alles umfassenden Schutz kann der Kunde nicht vorbehaltlos rechnen. Die zwei wichtigsten Einschränkungen sind: Zahnbehandlungen und Vorerkrankungen. Die Zahnbehandlung im Ausland ist ein heißes Eisen für die Versicherer. Hier werden nur schmerzstillende Mittel oder notwendige Füllungen in einfacher Ausführung bezahlt. Dies gilt für alle Versicherungspolicen. Für Prothesenträger werden nur die Kosten der notwendigsten Reparaturen übernommen. Eine Selbstbeteiligung von DM 50,– bis 100,– je Schadensfall ist bei den meisten Auslandsreise-Versicherungen obligatorisch, die sich in ihren Geschäftsbedingungen nur unwesentlich voneinander unterscheiden.
Reisende mit Vorerkrankungen sollten aufs Kleingedruckte in den Policen achten. Wer herzkrank ist oder durch eine andere dauerhafte Erkrankung »aktenkundig« ist, wird oft nur ungern als neuer Kunde aufgenommen. Darunter leiden besonders HIV-Infizierte. Leistungen gibt es grundsätzlich nur, »wenn nicht schon bei Reiseantritt zu erwarten war, dass im Ausland ein Versicherungsfall eintreten würde« (VS-Bedingungen).
Unter dem Begriff »Vollschutztarif« versteht die Versicherungsbranche die Reihenfolge, in der die Leistung von verschiedenen Gesellschaften erbracht werden muss. Im Vollschutztarif der Auslandsreise-Krankenversicherung muss diese Versicherung vor der privaten oder gesetzlichen Krankenversicherung die Behandlung bezahlen. Ohne Vollschutztarif ist die Reihenfolge der Zahlung: Erst die private und gesetzliche Krankenkasse, dann die Auslandsreise-Krankenversicherung. Ein klarer Nachteil für den Erkrankten, weil er bei dieser Regelung fast immer zur Vorkasse gezwungen wird. Achten Sie bei Ihrer Auslandsreise-Krankenversicherung also im Kleingedruckten des Vertrags auf den Begriff Vollschutztarif. Im Ernstfall überweist diese Versicherungsgesellschaft für die Behandlung dann telegrafisch oder übers Internet bis zu 25.000 DM an das ausländische Krankenhaus.
Ein wichtiger Punkt ist die Vertragsdauer der Auslandsreise-Krankenversicherung. Im Normalfall sind Reisen bis 31 Tage Dauer versi-

chert. Für eine längere Reise bieten fast alle Versicherungen einen erweiterten Schutz über 45 und 60 Tage Reisedauer an. Im Ernstfall verlangt die Versicherung den Nachweis der Reisedauer mittels Flugticket oder Schiffsreisebeleg, oder auch über eine Kopie des Reisepasses mit den Ein- und Ausreisestempeln einer Sahara Tour. Man sollte als Langzeit-Segler nicht so naiv sein zu glauben, dass die Assekuranz keine Nachprüfmöglichkeit hätte. Wenn es um die Bezahlung einer 500 Mark preiswerten Blindarmentzündung auf Bali geht, wird keine Versicherung aufwendige Recherchen anstellen. Wenn der Patient aber in Kanada beim Freeclimbing abstürzt und für zwei Monate mit gebrochenen Lendenwirbeln im Krankenhaus liegt, übernimmt die deutsche Versicherung den mindestens 80.000 DM teuren Regress nicht ohne Überprüfung der Umstände und der Reisedauer. Nicht jede Versicherung deckt zum Beispiel Sportwettkämpfe wie Segelregatten im Ausland ab. Der Flugsport mit Drachen oder Gleitschirmen ist ganz selten mitversichert. Bevor man den Schadensbericht ausfüllt, sollten unbedingt die Versicherungsbedingungen nochmals studiert werden. Das Kleingedruckte im Vertrag regelt die Obliegenheiten. Gibt der Kunde z. B. falsche Angaben zur Unfallursache an, erlischt der Versicherungsschutz. Die Obliegenheiten müssen im Lot sein. Eine verlängerte Reisedauer führt natürlich zu deutlich höheren Prämien, weil auch das Risiko einer Erkrankung steigt. So kostet die 31-Tage-Reise zwischen DM 11,– und 15,–, der 45-Tage-Trip schon DM 30,–, und für die zweimonatige Fernreise werden DM 60,– Versicherungsprämie verlangt.

Nicht jede Auslandsreise-Krankenversicherung lässt sich auf deutlich längere Verträge in dieser Versicherungssparte ein. Nachfragen!

Ein wichtiger Punkt in den Vertragsbedingungen der Auslands-Krankenversicherung ist der Begriff »Nachleistungsfrist«. Hier ein Beispiel aus der Praxis: Langzeitsegler Uwe Fredrichson leistet sich jedes Jahr als Rentner einen viermonatigen Segelurlaub in türkischen Gewässern. In den letzten sechs Jahren ist nie etwas passiert, dann schlägt das Schicksal drei Tage vor der Abreise in die Heimat zu: Uwe fällt bei einem missglückten Anlegemanöver mit auflandigem Wind zwischen die Bordwand und Kaimauer. Mit schwersten Lendenwirbelverletzungen wird er ins Krankenhaus eingeliefert. Der Krankenhausaufenthalt zieht sich über zwei Monate hin. Nach der Genesung schildert Uwe sein Problem mit der Versicherung: »Zum Glück bin ich ja gleich zweifach versichert, dachte ich mir. Die Auslandsreise-Krankenversicherung wird bezahlen und auch meine zusätzliche Unfallversicherung, die weltweit gilt. Unter dem Strich wären mir sicher ein paar tausend Mark ›Schmerzensgeld‹ geblieben.« Pech gehabt. Die Auslandsreise-Krankenversicherung bezahlte nur die Abbergung aus dem Hafenbecken und die ersten drei Tage Krankenhausaufenthalt. Danach war die Zeitdauer der Police abgelaufen. Ohne Nachleistungsfrist im Vertrag endet die Zahlungspflicht exakt bei Vertragsende, und dies waren die vereinbarten 125 Tage. Mit einer Nachleistungsfrist im Vertrag übernimmt die Versicherung alle notwendigen Zahlungen, die bei einem Krankenhausaufenthalt vor Ablauf der Vertragsdauer und bis zum Rücktransport in die Heimat entstehen. Achten Sie deshalb auf den Passus »Nachleistungsfrist« im Vertrag.

Mit der Unfallversicherung hatte Uwe ebenfalls seine Probleme. Bei der Blutabnahme im türkischen Krankenhaus stellte man einen Alkoholgehalt von 2,0 Promille fest. Damit war die Versicherung von der Leistung befreit, denn wenn Alkohol oder Drogen ursächlich für den Unfall mitverantwortlich sind, kommt keine Unfallversicherung für die Folgen auf. Zum Glück ist Uwe heute wieder voll genesen. Seine neue Auslandsreise-Krankenversicherungspolice deckt nun die Begriffe Vollschutztarif und Nachleistungsfrist im Vertrag ab, die von vielen Versicherungsberatern unterschlagen werden. Im Ernstfall kann sich daraus eine totale Zahlungsverweigerung ergeben.

Wer kennt sich im Kleingedruckten der Verträge wirklich aus? Der Autor meint: die freien Versicherungs-Makler. Das Verhandeln lohnt sich auch mit Ihrem Versicherungsmakler, der Ihre Yacht versichert hat. Er kennt den Versicherungsmarkt und kann sich die für Laien verborgenen Rosinen herauspicken, die nicht im Standardprogramm der Krankenversicherer üblich sind.

30 % Prämie lassen sich bei praxisgerechten Vertragsbedingungen durchaus einsparen, wenn man die passende Versicherung findet.

Meist ist eine Familienpolice deutlich günstiger als zwei bis drei Einzeltarife für Frau und Kind. Aus-

Die wichtigsten Tipps zum Thema Reisekrankenversicherung:

- Mitglieder von gesetzlichen Krankenkassen sollten eine private Krankenversicherung für die Auslandsreise abschließen.
- Langzeitversicherungen sollten abgeschlossen werden, wenn der einzelne Auslandsaufenthalt sechs Wochen überschreitet.
- Jahresversicherungen bieten 365 Tage Versicherungsschutz für alle Auslandsreisen, solange keine länger als sechs Wochen dauert. Dabei ist abzuwägen, ob individuelle Versicherungen oder Familienversicherungen günstiger sind.
- Kurzzeitversicherungen sind empfehlenswert, wenn nur ein kurzer Aufenthalt geplant ist. Dann wird die Versicherung exakt auf die Reisedauer abgeschlossen.

(Quelle: Verbraucherzentrale AgV, 53123 Bonn)

ländische Staatsangehörige können sich bei einigen Versicherern wie der Union oder Berlin-Kölnische Versicherung mit einer Auslands-Reisekrankenversicherung schützen. Wer als ausländischer Staatsbürger länger als fünf Jahre in Deutschland gelebt hat, ist auch bei der Globale und Victoria Versicherung willkommen. Der Verband der privaten Krankenversicherer (Adresse am Kapitelende) schickt jedem Interessenten kostenlos alle Anschriften der 39 Auslandsreise-Krankenversicherungs-Gesellschaften zu. Für jede Gesellschaft wird der Leistungsumfang und Personenkreis genannt, mit der ein Vertrag abgeschlossen werden kann.

Wichtige Adressen zum Thema Kranksein im Ausland

Informations-Material über die Auslands-Reisekrankenversicherungen bieten die überregionalen Verbände und Versicherungen an:

AgV-Arbeitsgemeinschaft der Verbraucherverbände e. V.
Heilsbachstr. 20, 53123 Bonn

Verband der Privaten Krankenversicherungen E. V.
Postfach 51 10 40, 50946 Köln

AOK-Bundesverband
53170 Bonn
oder
die örtliche AOK Geschäftsstelle

Sind ausländische Ärzte besser als ihr Ruf?

Wie sich die Zeiten ändern. Noch vor zehn Jahren suchten kranke Segler oft verzweifelt nach einem deutschsprachigen Internisten auf Mallorca. Heute praktizieren 63 zugelassene deutsche Ärzte auf dieser Baleareninsel, die sich immer mehr zum medizinischen Knotenpunkt von Langzeit-Urlaubern entwickelt. Wer heute Zahnschmerzen bekommt, kann sich dort bei 31 deutschen Dentisten behandeln lassen. Ähnlich gut versorgt können sich deutschsprachige Segler auf den Kanarischen Inseln, aber auch auf Malta oder in Tunesien fühlen. Der medizinische Standard stieg nicht nur in diesen, einst medizinisch weniger privilegierten Ländern steil an, weil sich mit Kuren für chronisch Kranke, dem preiswerten Zahnersatz und anderen medizinischen Dienstleistungen viel Geld verdienen lässt. Warum soll ein in den USA, Großbritannien oder in der Schweiz ausgebildeter spanischer Arzt schlechter sein, als sein deutscher Kollege?

Der europäische Gerichtshof entschied 1998, dass deutsche Krankenkassen die Kosten für Zahnbehandlungen in den EU-Ländern ersetzen müssen. Seit diesem Urteil herrscht unter den zahlreichen deutschstämmigen Dentisten auf den Balearen und Kanaren gute Laune. Die meist etwas ältere Kundschaft verbindet das Angenehme mit dem Notwendigen und lässt sich dort eine neue Zahnprothese verpassen. Die freie Marktwirtschaft hat unter den Medizinern Spuren hinterlassen. Die Mund-zu-Mund-Propaganda unter den Patienten sorgte dafür, dass in den letzten drei Jahren einige Arztpraxen auf den Ferieninseln schließen mussten. Mit falschen, aber lukrativen Diagnosen wurden ältere Patienten abgezockt, wie die medizinische Fachzeitschrift *Medical Tribune* berichtete. Zudem monierten deutsche Krankenkassen-Prüfer stark überhöhte Rechnungen. Dass Hotelangestellte sich ein Zubrot durch die Vermittlung von zahlungskräftigen Gästen an deutschsprachige

Das medizinische Wörterbuch der AOK ist Klasse. Es ist in sieben Sprachen und kostenlos bei jeder Filiale erhältlich.

Ärzte verdienen, ist Kennern der Materie klar: Eine Hand wäscht die andere und beide das Gesicht. Trotz dieser rund ums Mittelmeer inzwischen üblichen Praxis, können akut oder chronisch erkrankte Langzeit-Segler heute viel beruhigter in See stechen. Wer sich bis zu den bekannten Ferienzentren deutscher Touristen durchschlägt, wird garantiert einen deutschsprachigen Arzt finden. Beispiel: Karibische Inseln. Wer sich auf Grenada eine schwere Viruserkrankung zuzieht, sollte die nächste Turbo-Prop-Maschine besteigen und nach Martinique fliegen. Diese 50 Dollar sind gut angelegtes Geld, weil auf Martinique im Gegensatz zu Grenada das deutsch-französische Gegenabkommen der Krankenkassen gilt. Sollte die verschleppte Viruserkrankung einen mehrwöchigen Krankenhaus-Aufenthalt mit sich bringen, kann die ganze Weltreise zu Bruch gehen, weil die Mittel danach fehlen. Auf Martinique übernimmt beispielsweise unsere AOK etc. den größten Teil der medizinisch notwendigen Versorgung.

Wenn wirklich Not am Mann ist, helfen auch andere Seeleute so gut es geht. Deutsche Kreuzfahrerschiffe, wie die Hapag Lloyd *Europa*, verfügen über eine medizinische Abteilung, die Klinik-Charakter hat. Hier arbeitet ständig ein Arzt mit seinen Assistenten, die nicht nur für absolute Notfälle ausgebildet sind. Chronisch kranke Patienten sind auf Kreuzfahrerschiffen keine Seltenheit. Auf der *Europa* wurde schon einigen Langzeit-Seglern geholfen und letztlich auch die direkte Telefonverbindung via Satellitenanlage zu den Angehörigen in Deutschland geschaffen. Weil sich die Ärzte auf Kreuzfahrerschiffen fast ständig mit den Problemen älterer Menschen konfrontiert sehen, weiß man dort Mittel und Wege, wie man das medizinische und psychologische Problem der Patienten am besten in den Griff bekommt. Man sollte als Langzeit-Segler diese hilfsbereiten Menschen zwar nicht überstrapazieren, aber in einem absoluten Notfall würde ich ohne Zögern deren medizinische Hilfe einholen.

Versteht mich der ausländische Arzt überhaupt? Mit der Verständigung klappt es nicht immer. Ein nordafrikanischer Arzt braucht meist einen Dolmetscher. Hier halfen sprach- und ortskundige Stationsleiter von TUI und anderen Reiseveranstaltern schon manchem gesundheitlich gestrandeten Aussteiger weiter. Zur Not helfen zwei Werke aus der Bordliteratur weiter. So sind im englischen *Reeds Nautical Almanach* neben den wichtigsten seemännischen auch die medizinischen Ausdrücke in sechs Sprachen verzeichnet. In der aktualisierten AOK-Broschüre »Beim Arzt – in der Apotheke« (siehe Abb.) werden die wichtigsten medizinischen Fragen und Antworten auf Englisch, Französisch, Italienisch, Spanisch, Serbokroatisch, Türkisch und Griechisch, also in sieben Sprachen übersetzt. Eine kompakte Broschüre mit hohem Nutzwert, die es in jeder AOK-Geschäftsstelle umsonst gibt.

Hilfe im Ernstfall

Der Reise-Versicherungsmarkt erfreut sich hoher Zuwachsraten. Mit ungebrochener Fernreiselust steigt das Bedürfnis nach möglichst umfassendem Versicherungsschutz im Ausland. Keine Ausnahme bilden hier die Langzeitsegler am Mittelmeer, oder fernwehgeplagte Aussteiger im Outback von Australien. Das Thema »Kostenloser Rücktransport in die Heimat« wird heftig diskutiert, denn jeden kann es in der Fremde nachhaltig erwischen. Der Krankenkassenbeitrag deckt nicht den Rücktransport ab. Dazu ist eine zusätzliche Kranken-Rücktransport-Police nötig. Unter dem Begriff »Assistance« wird dem Fernreisenden vor Ort Hilfe bei Krankheit oder Unfall, Tod, Strafverfolgungsmaßnahmen und beim Verlust von Reisedokumenten und der Reisekasse gegeben. In den »Allgemeinen Bedingungen für Beistandsleistungen auf Reisen und Rücktransportkosten« von 1989, kurz ABBR, steht genau, was die Versicherung im Ernstfall leisten muss. Für den Kranken-Rücktransport mit Ambulanz-Flugunternehmen vom ADAC, der DRF oder auch vom Roten Kreuz wird in der Regel die ärztliche Anordnung und medizinische Notwendigkeit des Rücktransports verlangt. Das ist die Voraussetzung für die Kostenübernahme.

Bei der Assistance-Police der größten Versicherungsunternehmen wird nach ABBR der Rücktransport schon dann übernommen, wenn dieser Transport »medizinisch sinnvoll und vertretbar ist«. Es wird nur noch geprüft, ob eine Krankheit vorliegt und ob der Transport durchführbar ist. In der Praxis übernimmt die Assistance die gesamte Organisation des Rücktransports inklusive der Arzt- und Sanitätsbegleitung. Zudem deckt die Police eine Kosten-Übernahmegarantie von bis zu 25.000 DM gegenüber dem Krankenhaus, dem Krankenversicherer und anderen Leistungspflichtigen, wie der Berufgenossenschaft. Die gesamte Abwicklung zur Krankenbehandlung und des Rücktransports in die Heimat, sowie im Falles des Todes auch die Bestattung im Ausland oder in der Heimat, wird durch die weltweit gültige Assistance Police übernommen. Die Assistance Police wird über ein zentrales Notruf-Service-Netz in aktiviert. In Deutschland ist es die Rufnummer 0180-525 62 56. Diese Notruf-Servicezentrale ist rund um die Uhr besetzt. Der Konkurrenzdruck zwischen den »Gelben Engeln« des ADAC, der rot-weißen Flugstaffel des DRF und anderen Flugrettungs-Unternehmen hat sich mit der Assistance Police weiter verschärft. Dies nicht immer zum Vorteil der Patienten. So kann sich ein medizinisch notwendiger Ambulanzflug von Merida/Venezuela in die Schweiz zu einer viertägigen Odyssee mit dreimaligem Flugzeugwechsel hinziehen. Üblich sind 14 Stunden Flugdauer mit dem Linienjet. Ein Freund von mir wurde in drei Tagen von Katmandu nach Stuttgart verfrachtet. Drei Mal musste der lebensgefährlich Verletzte in ein neues Flugzeug umgeladen werden. Selbst ein relativ unkomplizierter Rettungsflug von Mallorca nach Stuttgart kann über 12 Stunden dauern, weil die Formalitäten beachtet werden müssen und Ambulanzflugzeuge nicht unbedingt Vorflugrechte eingeräumt bekommen, wenn auf Mallorcas Start- und Landepisten Hochbetrieb herrscht. Zudem wurde in einem mir bekannten Fall der Transport per Ambulanzflugzeug mit zweimaligem Zwischenlanden nur bis nach Basel/Mulhouse durchgeführt. Die restlichen 350 Kilometer musste der Schwerstkranke in einer fünfstündigen Autobahnfahrt im Krankenwagen verbringen, obwohl Stuttgart über einen eigenen internationalen Flughafen verfügt. Übliche Flugzeit mit dem Ferienflieger knapp zwei Stunden. Alle Rettungsflug-Unternehmen verstehen ihr Handwerk nicht nur in medizinischer und flugtechnischer Hinsicht, sie sind auch kühle Rechner, wenn es um vermeidbare Kosten geht. Bevor der eigene Lear Jet nach Südamerika fliegt, wird natürlich der Rücktransport per Jumbo mit einer südamerikanischen Fluggesellschaft oder der Lufthansa geprüft. Grundsätzlich besteht auch keine Transportpflicht mit dem Flugzeug. Der Rücktransport in die Heimat kann innerhalb Europas auch durchaus im üblichen Krankenwagen ohne eingebaute Klimaanlage oder in einem Taxi vorgenommen werden. Für einen schwerstkranken Patienten besteht durchaus ein Unterschied, ob er einen halben Tag lang im brütend heißen Krankenwagen von Lyon nach Süddeutschland gekarrt wird, oder ob ein 45-minütiger Flug mit dem komfortablen Eurocopter Hubschrauber ansteht. Nur der behandelnde Arzt kann einen Transport mit dem Krankenwagen verbieten! Aus eigener schmerzlicher Erfahrung kann der Autor nur jedem Verletzten oder Angehörigen empfehlen, sich gegenüber »geizigen« Ambulanzfliegern auf die Hinterfüße zu stellen und den medizinisch bestmöglichen Rücktransport mit dem behandelnden Arzt zu verlangen. Schließlich bezahlt man mit seinem Jahresbeitrag eine Versicherungsleistung, die dem Verletzten im Ernstfall auch zusteht.

Zusätzlicher Ärger steht ins Haus, wenn der Verletzte über zwei Policen verfügt, die die gleiche Leistung versprechen. Beispiel DRF, Deutsche Rettungsflugwacht e. V. Vertrag, kontra ADAC Plus Mitgliedschaft fürs Auto und eventuelle Notfälle im Ausland. Wer fühlt sich für den Einsatzflug verantwortlich? Beide sind zur Leistung verpflichtet, aber der Lear Jet des ADAC oder der DRF hebt unter Umständen nicht pünktlich ab, weil beide Organisationen vom Versicherten wissen wollen, ob Verträge mit anderen Rettungsorganisationen bestehen. Der klassische Fall einer ungewollten Doppelversicherung. Wer eine Assistance Police (siehe Seite 120) der großen Krankenversicherer besitzt, ist gleich drei Mal für die gleiche Rückholleistung versichert. Der ideale Fall für jedes Rettungsunternehmen, die Kosten

Gestrandet in der staubtrockenen Namib-Wüste: Eingeschlafen am Steuer, Überschlag, verletzt und fast verdurstet? Ohne Rückholversicherung droht dann das Aus in einem fremden Land.

auf den »Kollegen« abzuwälzen? Kühl teilte der DRF dem Autor in seinem persönlich erlebten Fall vom August '95 schriftlich mit: »Sie sind Förderungs-Mitglied der Deutschen Rettungsflugwacht und verfügen somit über eine Rückholversicherung. Diese übernimmt die Kosten dann, wenn kein anderer Kostenträger vorhanden ist.« Sachlich richtig, denn in den DRF-Fördermitgliedsbedingungen steht: »... Soweit ein anderer Versicherungsträger diese Kosten zu erstatten hat, geht dessen Leistung vor...« Im ähnlichen Wortlaut sind auch die Vertragsbedingungen der anderen Ambulanzflieger abgefasst. Möchte sich hier der Versicherer klammheimlich aus der Verantwortung stehlen? Nein, so ist es nicht. Damit wir uns nicht falsch verstehen. Der DRF übernahm alle Kosten des Rückflugs, aber die Aufregung über diese Anfragen und der ganze Papierkrieg fördert nicht den Heilungsprozess eines Schwerstverletzten und belastet die sowieso schon genervten Angehörigen über Gebühr.
Wenn der ganze Ambulanz-Fliegerclub über den internen Datenausgleich verfügt, dann wäre etwas mehr Fingerspitzengefühl schon angebracht.

Im Ernstfall melden Sie den Unfall an die Leitstelle des DRF oder ADAC usw. Dort wird intern überprüft, ob andere Versicherer zur Leistung verpflichtet sind. In der Praxis wird der Rettungsflug vom erst alarmierten Ambulanzflieger durchgeführt. Ein paar Tage oder auch Wochen später erfolgt dann die Kostenaufstellung und Abrechnung. Laut den Pflichten (Obliegenheiten) des Kunden muss er wahrheitsgerechte Angaben über zusätzliche Versicherungen abgeben. Dazu zählen auch Bergedienste, Berufständische Vereinigungen mit Versicherungsleistungen oder auch Zusatzleistungen der Kreditkarten-Unternehmen. Letztlich versucht der aktiv tätig gewordenen Ambulanzflieger die Kosten der Rettungsaktion unter den verschiedenen zuständigen Versicherungsträgern intern aufzuteilen. Das Verrechnungssystem funktioniert bei den Versicherern einwandfrei, obwohl eine doppelte oder gar dreifache Absicherung des Kunden natürlich unsinnig ist und nur Geld kostet.
Der Geltungsbereich Ihrer Rückholversicherung wird durch den Vertrag geregelt. Der ADAC bietet den Geltungsbereich Europa für 92 Tage nach Verlassen des Wohnsitzes

an. Der weltweite Geltungsbereich außerhalb Europas gilt für 45 Tage nach Verlassen des Wohnsitzes. Das reicht nicht für einen längeren Segelurlaub in karibischen Gewässern. Der DRF-Vertrag gilt für ein volles Jahr ohne Beschränkungen der Zeitdauer des Urlaubs und des Geltungsbereichs. Für Langzeit-Urlauber ist dies der interessanteste Punkt in den Versicherungsbedingungen. Im Vergleich dazu gilt die Assistance-Police der meisten privaten Krankenversicherer nur für einen bis 30-tägigen Urlaub rund um den Globus. Die Erweiterung auf vier bis sechs Wochen ist bei einer Jahrespolice auch nicht das Gelbe vom Ei.

Sonderbedingungen: Weniger bekannt sein dürften auch die Sonderbedingungen des ADAC. Wer kein eigenes Auto hat und dennoch die Vorteile des ADAC-Rückholdienstes in Anspruch nehmen will, kann für 24 DM Jahresbeitrag den weltweit gültigen Rückholdienst »buchen«. Der Interessent sollte auf der ADAC-Geschäftsstelle gezielt nach dieser Sondervereinbarung fragen.

Einige berufständische oder soziale Organisationen bieten einen interessanten Rückholservice für ihre Mitglieder an. Der Arbeiter-Samariter-Bund stellt für seine Mitglieder nebst Ehepartner und Kinder einen kostenlosen, weltweit gültigen Rückholservice bei Krankheit im Ausland zur Verfügung, sofern der Krankenhaus-Aufenthalt dort länger als 14 Tage dauern würde. Das Interessante an diesem Service ist die Begründung für den Rücktransport. Selbst wenn die Rückkehr aus dem Ausland aus medizinischen Gründen nicht erforderlich ist, wird der Kranke kostenfrei heimtransportiert, sofern der Aufenthalt im Krankenhaus länger als zwei Wochen dauern würde. Nach unseren Recherchen sind dies die kulantesten Bedingungen aller Rückholdienste. Für einen Mindestbeitrag von 24 Mark im Jahr kann jeder Deutsche oder in Deutschland lebende Ausländer Mitglied des Arbeiter-Samariter-Bunds (ASB) werden.

Goldkarten-Inhaber diverser Kreditkarten-Organisationen sind in medizinisch notwendigen Fällen automatisch »rückholversichert«, sofern die Reise mit der goldenen Karte bezahlt wurde. Man sieht, das Rückhol-Geschäft ist längst kein Samariterdienst mehr. Es ist eine Serviceleistung, für die man meist jahrelang ohne Gegenleistung und Nutzen Prämien bezahlt hat. Wer so denkt, soll zu Hause bleiben. *Langzeit-Segler und Aussteiger auf Zeit sollten auf den Rückholservice auf keinen Fall verzichten. Er ist der sichere Rettungsanker in persönlichen Katastrophen.*

Tipps zu Reise-Rückholversicherung/Ambulanzflügen:

- Keine Doppelversicherung abschließen.
- Leistungsdauer beachten. Von 30 Tagen bis zu einem Jahr.
- Keinen Vertrag mit Vorerkrankungsklausel akzeptieren.
- Vertragsbedingungen unterscheiden sich im Wortlaut und Leistungsumfang ganz erheblich. Prüfen, auch wenn das etwas Zeit kostet!

Was passiert, wenn der Partner stirbt?

Kurzmeldung in den *Stuttgarter Nachrichten* vom 20.4.99: »Ein deutsches Ehepaar ist nach einem Sturz von seiner Yacht vor dem Sporthafen von Roquetas de Mar an der spanischen Costa del Sol ertrunken.« Jedes Jahr sterben etwa 6500 deutsche Staatsbürger im Urlaub. Die meisten durch Krankheit, ganz wenige durch Verbrechen und ein verschwindend kleiner Teil an Bord ihrer Yacht. In diesem Kapitel interessiert uns weniger die seemännische Seite der Tragödie, sondern die rechtlichen und finanziellen Folgen für die Angehörigen.
Der Zeitungsausschnitt aus der englischen Yachtzeitschrift *Yachting World* vom Januar 1999 schildert solch einen tragischen Fall, der jedem Langzeit-Segler widerfahren kann. Die 52 Fuß lange britische Ketsch *Woody Goose* strandete vor Neuseelands Küste, weil die etwa

Cruising

Yacht couple's

A British yachtswoman was swept off her yacht in New Zealand in November after she and her husband ran aground in their yacht. Anita Dean (52) and her husband Roger (53), from Hull, ran aground in

Zeitungsausschnitt aus der renommierten englischen Segelzeitschrift *Yachting World*: Der erfahrene Skipper schlief bei auflandigem Wind wegen totaler Übermüdung ein. Bei der Strandung ertrank seine Frau. Das Schiff wurde von Einheimischen bald darauf ausgeraubt. Eine Tragödie, die leider kein Einzelfall ist.

50-jährigen Segler bei stark auflandigem Ostwind erschöpft in den Kojen lagen. Zwecks Fahrtminderung trieb die Yacht unter einem Treibanker. Die riffumsäumte Lee-Küste der Great Exhibition Bay kannte kein Erbarmen. Als die beiden erfahrenen Weltumsegler die unmittelbar bevorstehende Strandung endlich bemerkten, versuchten sie, den Motor noch zu starten um sich frei zukreuzen. Dies misslang. Bei dem Manöver fiel Anita Dean über Bord und ertrank. Roger und Anita Dean waren vor fünf Jahren zur Weltumseglung aufgebrochen und bis zu diesem tragischen Fehler unbeschadet um die Welt gezogen. Viele wertvolle Teile der ansonsten fast unbeschädigten Yacht wurden von einheimischen Maoris gestohlen. Jetzt steht eine Untersuchung der Vorfälle an, berichtet *Yachting World*.

m ends on lee shore

Woody Goose near
p of North Island.
cruising from the
years.
had been struggling
ales for several days
d the boat with a
ealand police
boat's steering had
and that the couple
l and were in their
neared the coast.
woke, they found
a lee shore, but
start the engine
was swept on to the
Exhibition Bay.

Mrs Dean is believed to have been swept overboard to her death. Emergency services alerted by flares recovered her body from the bay.

Woody Goose was still intact after the tragedy, but despite local Maoris designating the site as sacred out of respect, electronics, rigging and tools were stolen from the boat days later.

Police have since removed all the valuable items from on board and have put them in storage.

An inquiry into Mrs Dean's death is currently underway in New Zealand.

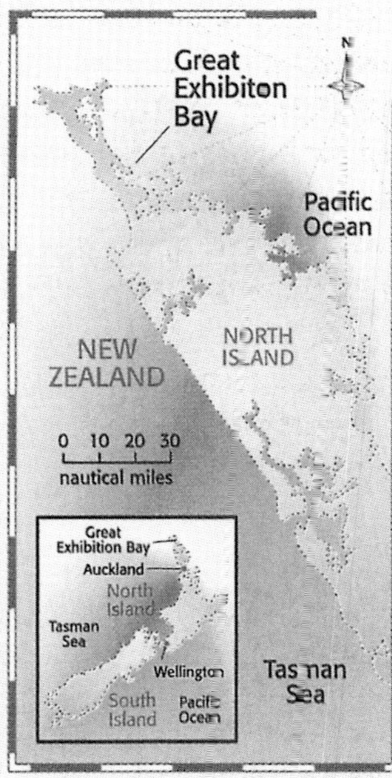

Was passiert nun mit dem unglücklichen Skipper und seinem Schiff? Als erstes wird die Yacht von der Polizei beschlagnahmt und an die Kette gelegt. Dann wird versucht, alle Umstände des Unfalls mit Todesfolge abzuklären. Die Lebensversicherung und Unfallversicherung verlangt einen offiziellen hieb- und stichfesten Bericht über die Umstände, die zum Tod ihres Kunden führten. Dieser amtliche Untersuchungsbericht kann eine Woche oder auch ein volles Jahr auf sich warten lassen. Es kommt auf die Umstände und das Land an. In dieser Zeit darf der Skipper das Land nicht verlassen. Er bekommt den Pass abgenommen und muss sich regelmäßig bei der örtlichen Polizei melden. Wenn der Skipper Glück hat, darf er in diesen quälend langen Wochen auf seinem Schiff wohnen. Wären weitere Personen an Bord gewesen, dürften sie als notwendige Zeugen ebenfalls nicht das Land verlassen. In exotischen Ländern mangelt es an Dolmetschern. Die Gerichte mögen die als »Yankies« bezeichneten Ausländer oft nicht. In Tijuana/Mexiko wurde ein Freund des Autors für sieben Tage arrestiert, weil er als Fahrgast Zeuge eines Verkehrsunfalls war. Der Taxifahrer war nicht schuld an diesem Unfall, aber was nutzt es, wenn es sonst keine verlässlichen Zeugen gibt?

Ein Stuttgarter Ehepaar wollte mit seinen zwei halbwüchsigen Kindern auf seiner selbstgebauten 16 Meter langen Stahlyacht ein neues Leben in karibischen Gewässern beginnen. Handwerklich geschickt und auch sonst nicht auf den Kopf gefallen, inszenierte die Familiencrew nach einem Jahr Faulenzen einen durchaus einträglichen Handel mit selbstimportiertem Dieseltreibstoff. Zu diesem Zweck rüstete Klaus seine Yacht mit einem knapp 1500 Liter großen, zusätzlichen Treibstofftank aus und fuhr damit nach Venezuela. Dort kostet der Sprit nur ein Drittel des üblichen Preises von Martinique/Französische Antillen. Nach Martinique zurückgekehrt, verkaufte Klaus seinen Sprit aus Venezuela mit 30 % Nachlass an klamme Segler. Ein gutes Geschäft, hart am Rande der Legalität, denn nur zum Selbstgebrauch darf Diesel in ein anderes Land eingeführt werden. Zwei Jahre lang ging alles gut, das Geschäft ernährte Schiff und Besatzung einigermaßen. Dann, bei der neunten Tour, erlitt Klaus auf der Rückfahrt von Venezuela nach St. Lucia einen schweren Herzanfall und verstarb an Bord.

Was macht man mit der Leiche? Keine Beweis-Sicherung für einen natürlichen Tod? Einfach über Bord werfen? So geschah es. Ein Riesenfehler, der zum Ruin führte.
Das Schicksal nahm seinen Lauf. Frau und Kinder hielten den Mund bei der Einklarierungsbehörde in der Marigot Bay auf St. Lucia. Wo ist der Vater? Antwort: »Macht Ferien auf Grenada.« Eine Notlüge mit kurzen Beinen. Man kann dem so gemütlich aussehenden Beamten auf St. Lucia vielleicht nach eigenem Augenschein eine gewisse Lethargie im Umgang mit Yachties bescheinigen, aber Erfahrung mit seinen Pappenheimern hat er allemal. Eine 44-jährige Frau mit dem eigenen 16 Meter langen Schiff und zwei halbwüchsigen Söhnen an Bord, da stimmt was nicht. Wo steckt der Kapitän dieser Yacht wirklich? Die Yacht wird durchsucht, der überdimensionale Treibstofftank gefunden und auf Drogen inspiziert. Schließlich wurden der Pass und andere persönliche Papiere von Klaus gefunden. Ohne Pass kann ein Deutscher auf Grenada nicht einreisen. Liegt nun ein Verbrechen vor? Machen wir es kurz. Frau und Kinder durften drei Monate lang das Land nicht verlassen. Die Anklage wegen Totschlag wurde fallengelassen, aber das Schiff blieb für eineinhalb Jahre an der Kette. Weil sich die polizeilichen Untersuchungen endlos hinzogen, weigerte sich neben der deutschen Rentenversicherung auch die deutsche Lebensversicherung ohne Abschluss der Untersuchungen Geld zu bezahlen. Ein absolutes Dilemma für diese Familie, weil die Ersparnisse längst aufgebraucht waren, und nur über ehemalige Nachbarn aus Stuttgart etwas Überbrückungsgeld nach St. Lucia überwiesen wurde. Als der Untersuchungsbericht schließlich vorlag, verweigerte die Lebensversicherung immer noch die Zahlung, weil die begünstigte Ehefrau die Ermittlungen behindert hätte. Damit hätte sie die Pflichten (Obliegenheiten) als Versicherungsnehmer verletzt. Mit Hilfe eines befreundeten Anwalts wurde die Lebensversicherung dann letztlich doch noch ausbezahlt: 22 Monate nach dem Tod des Familienvaters. Der Verkauf der nicht mehr gepflegten und damit fast schrottreifen Yacht zog sich noch einmal zwei Jahre hin. Für 10.000 Mark wechselte das Schiff den Besitzer. Mit diesem Geld bezahlten die Stuttgarter Aussteiger die Liegeplatz- und Rechtsanwaltkosten und den Aufenthalt in einer Hütte.

Der Traum vom sorgenfreien Leben ist für diese unglücklichen Menschen wohl für immer ausgeträumt. Was kostet die Rücküberführung einer Leiche nach Deutschland? Im Ernstfall bis zu 25.000 DM. Unter 5000 Mark ist nicht einmal innerhalb Europas ein Leichentransport mit dem Auto durchzuführen. Also Beerdigung in der Fremde? So einfach ist das nicht. Aus religiösen und rechtlichen Gründen ist eine Bestattung von Ausländern oft verboten. Das deutsche Konsulat/Botschaft muss bei jedem Todesfall informiert werden; hier sind die behördlichen Vorschriften bekannt. In gravierend schweren persönlichen und finanziellen Ausnahmesituationen streckt die deutsche Botschaft das Geld für die Beerdigung im Land oder den Leichentransport in die Heimat vor. Diese Schulden müssen auf Heller und Pfennig zurückbezahlt werden. Angehörige werden zur Kasse gebeten, und sofern die nicht vorhanden sind, dient die beschlagnahmte Yacht letztlich als Faustpfand und wird bei Zahlungsunwilligkeit versteigert. Keine angenehme Perspektive.

Mit der Rückhol-Police der Deutschen Rettungsflugwacht, DRF, des ADAC und anderer Vereine und Organisationen der Auslandskrankenversicherung ist meist die Rücküberführung von verstorbenen Angehörigen oder des Mitglieds bis zu 20.000 oder 25.000 DM in der Jahrespolice enthalten. Die Abwicklung entspricht der üblichen Notversorgung nach einem schweren Unfall und wird in diesem Buch auf Seite 124 geschildert.

Tipp: Die örtlichen Rettungssanitäter oder das Krankenhaus kennen sich mit den notwendigen Meldepflichten aus, die ganz zwangsweise bei einem schweren Unfall entstehen. Bevor die Polizei benachrichtigt wird, sollte man in exotischen Ländern mit der nächsten Deutschen Botschaft oder dem Konsulat telefonisch Kontakt aufnehmen. Im schlimmsten Fall steckt einen die Polizei in den Knast, weil man als Zeuge benötigt wird. Der ADAC-Unfallservice ist unter der Tel.-Nr. 0180-5741-741 rund um die Uhr mit Experten besetzt, die allein im letzten Jahr bei über 15.000 erkrankten und/oder verstorbenen Mitgliedern Rettungsflüge mit dem Ambulanz-Jet organisiert haben.

Die kopierte Kreditkarte und andere Betrügereien

Wer ohne Kreditkarte von Visa oder Mastercard um die Welt reist, muss immer wieder seine Kreditwürdigkeit unter Beweis stellen. Bestes Beispiel dafür sind die USA. Die lapidare Auskunft: Kein Mietwagen ohne gültige Kreditkarte. Viele Ärzte und Krankenhäuser verlangen vor der Behandlung mindestens 1000 Dollar Vorschuss, oder eben die Kreditkarte. Nicht zuletzt beweist der Kunde mit seiner Kreditkarte Bonität bei Flugtickets, Hotels, Reparaturaufträgen am Schiff und beim Bezahlen der Liegeplatzgebühren, dass finanziell gesehen alles im Lot ist. Dies gilt immer mehr auch für den Rest der wassersportaktiven Welt.
Über die Risiken der Nutzung von Kreditkarten im fernen Ausland wird leider viel zu wenig berichtet. Der Kreditkartenkunde verlässt sich auf die Haftung über 100 DM. Als »abschreckendes« Beispiel möchte der Autor einen Vorfall schildern, der ihm eine missbräuchliche Kreditkarten-Abrechnung bei einem Landurlaub in Venezuela von über 78.000 DM bescherte. Der Betrag wurde von meinem Girokonto abgebucht. Die korrekte Abrechnung hätte 523,33 DM betragen!
Der Reihe nach: Viele Yachties lassen Venezuela auf der Seite liegen, weil sie einfach zu wenig von diesem schönen Land wissen. Zudem erzeugt die südamerikanische Mentalität bei bodenständigen deutschen Seglern Vorbehalte in finanzieller Hinsicht. Werde ich dort nicht übers Ohr gehauen? Liegt mein Schiff in solch einem Land auch sicher? Ist die Hauptstadt Caracas nicht eines der gefährlichsten Pflaster für ausländische Besucher? Meine Devise ist: Wer sich einschüchtern lässt, möge zu Hause bleiben. Ich bilde mir vor Ort meine eigene Meinung und muss dann auch Ereignisse verdauen, die mir wirklich zuwider sind. Zum Beispiel eine kopierte Kreditkarte und ein Minus von 78.000 Mark auf dem Konto.
Nach einem mehrwöchigen Törn entlang der traumhaft schönen

Aufenthalte im Ausland können wunderbar kurzweilig sein. Die Freude vergeht einem aber schnell, wenn man von Gaunern ausgeraubt oder die Kreditkarte in irgend einem Office oder Restaurant klammheimlich kopiert wird.

Küstengewässer Venezuelas wollten wir als krönenden Abschluss der Reise mit dem Mietwagen die Anden besuchen. Zielort sollte Merida sein. Wegen der oft nicht vorhandenen Vollkasko-Versicherung lokaler Vermieter ließen wir uns am Flughafen von Caracas, der Hauptstadt von Venezuela, bei Europcar einen TOYOTA COROLLA reservieren. Der Wagen stand auch wie bestellt bei unserer Ankunft bereit. Nur meine Internationale Kreditkarte von Europcar-Privilege Preferred mit einem Bonus von 10 % wurde zu meiner Überraschung trotz langem Hin und Her nicht akzeptiert. Man wollte eine Visa- oder Mastercard. »Wahrscheinlich will man die 10 % Rabatt vermeiden, die der lokale Vermieter zur Hälfte tragen muss«, dachte ich mir und reichte meine Mastercard über den Tresen. Der Europcar Mitarbeiter nahm sich die Karte und verschwand damit in seinem Büro. Ein netter Venezolaner verwickelte mich in ein Gespräch über sein schönes Land und zeigte mir auf einer Landkarte die beste Route in die Anden. »Alles sehr nette Leute«, dachte ich mir, »nur, wo bleibt der Typ mit meiner Kreditkarte?« Nach gut zehn Minuten erhielt ich die Karte mit dem Wagenschlüssel und den Papieren endlich zurück. »In Südamerika dauert eben manches etwas länger«, dachte ich mir. Im Nachhinein war dies ein grober Fehler. In diesen zehn Minuten wurde meine Mastercard kopiert und wenig später zu umfangreichen Käufen von Computern, Pelzen und weiteren Luxusartikeln benutzt. Die erste Abrechnung (siehe Abb.) belief sich schon auf 15.553,12 DM. Nur die ersten vier Posten über 523,33 DM sind o. k. Der Rest der Aufstellung wurde ohne mein Wissen mit einer kopierten Mastercard bezahlt und von meinem Girokonto abgebucht. Dies war erst der Anfang. Im Laufe der nächsten sechs Monate wurden noch einmal fast 60.000 DM für Rechnungen von Computern, Rechner-Zubehör, Pelzen, Benzin und Autobahngebühren von meinem Konto abgebucht.

»Hätten Sie die Karte sofort sperren lassen, wäre nichts passiert«. Auf diesem Standpunkt stand ich auch, nachdem ich die erste Abrechnung über 15.553,12 DM sah. Zum meinem Glück flogen wir schon wenige Tage nach unserer Autotour nach Deutschland zurück, und dort lag schon die erste Ab-

Originalbelege meiner Kreditkartenabrechnung: Zwischen dem 20. November und dem 7. Dezember kauften die Kreditkartenbetrüger Computer und Klamotten im Wert von über 15.000 Mark mit meiner kopierten Kreditkarte in Caracas/Venezuela ein. Summa summarum hatten mich die Betrüger um über 70.000 DM erleichtert.

.11	24.11	KOSTEN GAA-VERFUEGUNG					10,00-
.11	24.11	6728448 CASSA RUR PRASLUDERN	ITL	300000,00		0,10160	304,82-
.10	25.11	HOTEL CAPRI CHICHIR	VEB	10500,00		1,70009	178,51-
.11	02.12	MIRLA ELECTRIC CA BARQUIS	VEB	91500,00		1,70379	1 558,98-
.11	10.12	JOYERIA SAVA PUERTO	VEB	145600,00		1,68355	2.451,26-
.12	13.12	BYTE SHOP COMPUTER INCARACAS	VEB	185000,00		1,66919	3.088,01-
.12	13.12	PROMOCIONES GUIAUTIL CARACAS	VEB	98000,00		1,66919	1.635,81-

GZS Gesellschaft für Zahlungssysteme mbH
Unternehmensbereich EUROCARD
60298 Frankfurt
Tel. (069) 7933-2200

Kartennummer
9.257,39-

Rechnungsdatum
17.12. BLATT UEBERTRAG

Herrn / Frau / Fräulein / Firma

HANS-GEORG ISENBERG

Haben Sie schon an unserem Weihnachtsgewinnspiel teilgenommen? Mit etwas Glück gewinnen Sie einen Mercedes SL 500. EUROCARD wünscht Ihnen frohe Weihnachten!

Diese Rechnungzusammenstellung enthält alle Umsätze, die uns bis zum Rechnungsdatum zugegangen sind. Wir bitten Sie, diese zu prüfen und uns etwaige Unstimmigkeiten (ggf. unter Zusendung der Kopie des entsprechenden Leistungsbeleges) unverzüglich mitzuteilen.

Karteninhaber/in: HANS-GEORG ISENBERG

URОCARD Rechnungszusammenstellung

datum	Eingangstag	Angabe des Unternehmens/Verwendungszweck	Fremdwährung	Betrag	Kurs	Betrag in DM
.12	13.12	PROMOCIONES GUIAUTIL CARACAS	VEB	98000,00	1,66919	1.635,81-
.12	15.12	PINK BANANA BOUTIQUE CARACAS	VEB	178500,00	1,67973	2.998,32-
.12	17.12	JOYERIA YEI-YEL S.R.LVENEZUE	VEB	98850,00	1,68[illegible]93	1.661,60-

rechnung von Mastercard in meinem Postfach. Also ließ ich die Karte umgehend sperren und verlangte das missbräuchlich eingezogene Geld von der Abrechnungsstelle per Fax zurück. Das Büro der GZS, Gesellschaft für Zahlungssysteme, in Frankfurt reagierte sofort und verlangte eine eidesstattliche Erklärung von mir, dass nicht ich die Karte für diese Ausgaben benutzt hatte und dass ich nichts von den betrügerischen Machenschaften wusste oder daran beteiligt sei. Korrekt bis ins Detail wurde mir telefonisch mitgeteilt, dass man über ein internes Kontrollsystem sicher sei, dass meine Karte in Venezuela wohl missbräuchlich kopiert und benutzt worden sei. Innerhalb einer Woche bekam ich eine neue Kreditkarte und den Schaden bis auf 100 DM Verwaltungsgebühr aufs Konto überwiesen.

Obwohl die Karte ja gesperrt war, verlangte die GZS nach jeder Reklamation wieder die eidesstattliche Erklärung von mir und überwies ein paar Tage später das Geld anstandslos zurück. Alle Posten der Aufstellung beliefen sich auf Beträge von jeweils unter DM 800,–. Die Betrüger wussten genau, dass ab diesem Betrag eine telefonische Auskunft bei der nationalen Abrechungsstelle Vorschrift ist. Die Bezieher der Einzelposten waren immer die gleichen Firmen: Zwei Computer-Fachgeschäfte in Caracas, ein Pelzgeschäft und ein Parfümerieladen. Scanner-Kassen sind in Venezuela und anderen Ländern noch immer Mangelware. Gesperrte Karten werden auf Scanner-Kassen sofort entdeckt. Weil alle Abrechnungen über die gleichen Verkaufsstellen liefen, liegt der Verdacht nahe, dass der Käufer der Waren mit dem Lieferanten gemeinsame Kasse machte. Weshalb mit einer gesperrten Kreditkarten-Nummer im Ausland dennoch Ware einkauft werden kann, bleibt das Geheimnis der Kreditkarten-Organisation. Ein Insider meint: »Alle Kartenunternehmen schützen sich gegen Betrug über eine Ausfall-Versicherung. Deshalb haftet der Kunde auch nur mit 100 DM. Intern wird die Sache so geregelt, dass das Geschäft seine Kartenlizenz beim Verdacht von Vetterleswirtschaft verliert. Meistens arbeiten die betrügerischen Kunden mit einem nicht weniger betrügerischen Laden zusammen«. Wie sieht es die Polizei?

Das Betrugsdezernat der Kripo rät: »Lassen Sie nie Ihre Kreditkarte aus den Augen, sie könnte missbraucht werden. Die Kreditkarte ist besser als Bargeld und weit wertvoller. Man sollte Kreditkarten nur bei nachvollziehbaren Geschäftsabläufen benutzen, denn die Beweispflicht von betrügerischen Manipulationen liegt beim Kunden.« Hinterher ist man natürlich immer schlauer. Weil der Autor seit über 20 Jahren ohne irgend eine Beanstandung mit Kreditkarten in fremden Ländern unterwegs ist, sah er am Schalter eines der größten Mitwagenunternehmens der Welt keine Gefahr für einen Missbrauch. Ein grober Fehler. In Hongkong werden jährlich über 6000 Fälle von Kreditkartenbetrug gemeldet. Dort soll das Kopieren der Karten jetzt nur noch wenige Sekunden dauern. Die Kreditkarten-Nummer und das Unterschriftsoriginal liefert der Kunde bei der ersten Bezahlung gleich mit. Wer hier und anderswo seine Karte aus den Augen lässt, ist nach diesen Erfahrungen in Venezuela zurecht der Dumme. Kreditkartenbetrug ist ein dunkles Kapitel der unaufhaltsam boomenden Kartenbranche. Laut einer Veröffentlichung des baden-württembergischen Landeskriminalamtes hat sich die Zahl der Kredit- und EC-Karten-Delikte 1998 verdreifacht! So wurde im April '99 in Berlin ein 26-jähriger Briefträger als Drahtzieher einer Bande verhaftet, die 240 Kredit- und EC-Karten gestohlen und damit 1,5 Millionen DM abgehoben hatte. Laut Polizei waren aus dem Postamt Neukölln auffällig viele Sendungen verschwunden. Darunter Benachrichtigungsschreiben an Bankkunden mit Geheimnummern. Über zwei Jahre lang ermittelte die Kripo Berlin, dann schnappte die Falle zu. Neben dem tatverdächtigen Briefträger wurden noch weitere 14 Bandenmitglieder in Haft genommen. Das war erst die Spitze des Eisbergs.

Fahnder des bayerischen Landeskriminalamts fassten auf frischer Tat vier Mitglieder einer Bande von Kreditkartenfälschern aus Kasachstan, die mit kopierten Daten von echten Karten Geld aus den Geldautomaten zogen. Sie besaßen 69 falsche Kreditkarten und hatten bei ihrer Festnahme in einem Hotel schon 1.107.000 DM im Hotel deponiert. In Mafiamanier organisiert lief der Einsatzplan nach folgendem Muster routinemäßig ab. Die Bande reiste über Moskau nach Paris, räumte dort mit den sogenannten »weißen Kreditkarten« (Kopien) und den echten elektronischen Daten von Kartenbesitzern französische Konten leer. Die französischen Kartenbesitzer hatten Ausgaben in Moskau mit ihren Kreditkarten bezahlt. Wie im Fall des Autors wurden diese echten Daten im Hotel und bei Mitwagenunternehmen an die Betrüger weiterverkauft. Nach Paris stand nun München auf dem Programm der Millionenbetrüger. Wie wurde die Bande gefasst? Mit einer Online-Verbindung zu den Kartenunternehmen konnten auf der Lauer liegenden Fahnder die Gangster direkt am Kassenautomaten überführen und verhaften. Eine sinnvolle grenzüberschreitende Aktion der französischen und deutschen Kriminalpolizei.

Für Langzeit-Globetrotter ist die Gefahr natürlich riesengroß, dass man erst Monate nach der in der Regel vertraglich vereinbarten vierwöchigen Überprüfungsfrist der Kartenauszüge den Betrug erkennt. Ist dann das Geld weg, oder haftet die Kreditkarten-Organisation auch nach der Vier-Wochen-Frist? Ein Sachbearbeiter meint: »Es kommt darauf an, wie lange die Sache schon ansteht, und von welcher Bonität der Kunde ist. Kreditkartenbelege sollte man mindestens zwei Monate aufbewahren, weil bei der Abrechnung schon einmal Doppelbuchungen möglich sind, wenn die Karte zweimal durchs Lesegerät gezogen wurde. Bei entsprechenden Verdachtsmomenten setzen wir auch Detektive auf den Fall an, denn wie gesagt, meist arbeitet der Kartenkunde mit dem Händler in betrügerischer Absicht zusammen. Der Kunde muss seine weiße Weste vor uns beweisen – mit Rechnungsbelegen gleichen Datums in einem anderen Land, oder auch mit einer eidesstattlichen Erklärung des Arbeitgebers, dass sich unser Kunde zum fraglichen Termin am Arbeitsplatz befunden hat. Kann er den Beweis führen, erhält er nach etwa sechs Wochen sein Geld zurück. Wenn die Sache hart auf hart geht, kommt es zum Prozess. Das ist bei Millionen seriöser Kunden die absolute Ausnahme. Bei über 70 Prozent der Fälle gewinnen wir zu 100 Prozent, weil unsere Argumente stichhaltig sind, sonst würden wir das Prozessrisiko nicht eingehen und den Fall auf Kulanzbasis abschließen. Dieser Kunde wird bei keiner anderen Kreditkarten-Organisation mehr willkommen sein. Der Datenausgleich unter ›Kollegen‹ klappt wie eine Eins. Nur so kann das System funktionieren«.

Würden die Banken Kreditkarten aus Kostengründen nicht mit der einfachen Post verschicken, wäre der Missbrauch mit Kredit- und EC-Karten mit Sicherheit geringer, meinen zu Recht die Experten des Betrugsdezernats.

Wie sieht die Haftung für den Kreditkartennutzer aus? Wird die Kreditkarte gestohlen oder geht sie verloren, muss die Karte umgehend gesperrt werden. Dann haftet der Kreditkarten-Besitzer in der Regel nur bis zu 100 DM nach Eingang der Verlustanzeige. Sobald das Kreditkartenunternehmen informiert wurde, trägt es den weiteren Schaden in voller Höhe. Bei der Nutzung der EC-Karte übernimmt die Bank den Schaden zu 100 Prozent, sofern keine fahrlässige Handlungsweise vorliegt. Wer seine Geheim- oder Pin-Nummer in der Brieftasche auf einem Zettel oder sogar auf der Karte notiert hat, handelt fahrlässig, wie Gerichtsurteile belegen. Je nach Vertragsbedingungen haftet dann der Kunde mit bis zu 1000 DM je Kalendertag für den Schaden. Deshalb Pin-Nummer auswendig lernen und die Karte nie aus den Augen lassen. Der freundliche Kellner könnte durchaus ein gewiefter Gauner sein, der die Kartendaten an Kreditkartenbetrüger verkauft.

Wie sicher sind die EC-Karten unserer Banken tatsächlich? Im August 1999 wurde im Landgericht Karlsruhe ein aufsehenerregender Fall behandelt, der das Sicherheits-System mittels Pin-Nummern generell in Frage stellt. Ein ehemaliger Mathematikstudent fuhr mit gestohlenen deutschen EC-Karten ins nahegelegene französische Elsass und plünderte dort über französische Bankautomaten die Konten der deutschen Bankkartenbesitzer. Die Geheimnummer knackte er mit Hilfe eines Laptops und im Internet gekauften Softwareprogramms zum Dechiffrieren von Geheimnummern. An sich ist das Pin-System fast wasserdicht, meinen alle deutschen EDV-Spezialisten der Banken, denn nach drei Fehlversuchen wird die Bankkarte automatisch eingezogen, weil deutsche Kredit- und Bankautomaten über den zentralen Großrechner der einzelnen Kreditinstitute verbunden sind.

Mit 9999 Kombinationen können sich deutsche Bankkartenbenutzer fast zu 100 Prozent sicher fühlen, dass ihre Pin-Nummer nur durch einen absoluten »Glückstreffer« vom Scheckkartenbetrüger eingetippt wird. Im Ausland verhält es sich nach Aussagen eines Gutachters oft anders. Hier hat der betrü-

Sein wertvolles Schlauchboot schützt dieser Langzeitsegler durch optimale Sicherung. Hält er den gleichen Sicherheitsstandard auch bei seinen Kreditkarten, den Bankauszügen oder seinem Internet-Anschluss ein?

gerische Kartenbenutzer beliebig viele Versuche, die richtige Pin-Nummer einzugeben, weil die ausländischen Bankautomaten nicht in allen Fällen mit den deutschen Rechnern verbunden sind.
Nach wie vor existieren in Deutschland Millionen vierstelliger Geheimzahlen bei Scheckkarten, die nur aus den Zahlen 1 bis 5 bestehen. In naher Zukunft sollen diese vierstelligen Geheimnummern umgestellt werden. Im schlechtesten Fall kann der Betrüger mit 150 Kombinationen unter Wegfall der ersten Null innerhalb von einer halben Stunde sämtliche Kombinationen mit dem Laptop austesten, erklärte ein renommierter Gutachter vor dem Karlsruher Landgericht. Nach wie vor halten deutsche Banken ihr Sicherheitssystem mittels der vierstelligen Pin-Nummern für absolut sicher. Fakt ist allerdings, wie der Prozess zeigte, dass der ehemalige Mathematikstudent mit seinem Laptop als Panzerknacker-Werkzeug zahlreiche deutsche Konten im französischen Elsass leer räumen konnte und schließlich auf frischer Tat erwischt wurde. Noch ist kein rechtskräftiges Urteil gefallen, aber Zweifel sind angebracht. Das bisherige Pin-System wird sicherheitstechnisch gesehen wohl in Zukunft überarbeitet werden. Ein zusätzlicher authentischer Fingerabdruck des Kartenbesitzers ist im Gespräch, der von den Kartenautomaten gelesen werden kann. Nach wie vor arbeiten die »kleinen« Kreditkartenbetrüger mit

ganz simplen Tricks. Man schaut über die Schulter des Kartenbenutzers und merkt sich die Geheimnummer.
In Frankfurt montierten Gauner eine zusätzliche Videokamera schräg über dem Bankautomaten. Damit ließ sich das Eintippen der Pin-Nummern fortlaufend aufzeichnen. Die Betrüger saßen gemütlich in einem verdunkelten Lieferwagen und beobachteten ihre Opfer, die wenig später ausgeraubt wurden. Elektronisches Abhören ist kein Hexenwerk, denn jede Pin-Nummer hat ein eigenes Tonsignal, das sich über ein Tonaufzeichnungsgerät optisch entschlüsseln lässt. Oft sind die simpelsten Tricks die besten. Aus Südamerika stammt der Trick mit dem Bepudern der Tastatur. Mit etwas Glück erwischt der Betrüger die richtige Abfolge der Pin-Zahlen auf Anhieb.

Notrufnummern der Kreditkarten-Gesellschaften:

- Eurocard/Mastercard: 069-79 33 19 10
- Visacard von Deutschland aus: 0800-811 84 40
- American Express: 069-97 97 10 00
- Diners Club: 0 59 21-86 12 34
- EC-Bankkarten: 069-74 09 87

Kreditkarte als Blankoscheck?

Die romantisch gelegene Marina in Italien entpuppte sich als Hochburg der Abzocker. Hier wurden Langzeit-Segler über den Tisch gezogen, weil sie eine Liegeplatzrechnung mit der Kreditkarte bezahlt hatten.

Rein optisch gesehen gibt es an dieser bekannten Marina nichts auszusetzen. Blitzsaubere Steganlagen, feine Restaurants und nicht zuletzt ein bekannt effektiv arbeitender Werftbetrieb. Wer hier »vor Anker geht« ist kein armer Mensch. Die Abrechnung der Liegeplatzkosten wird mit der Kreditkarte beglichen. Alles in Ordnung? Stimmt die Rechnungsstellung mit der erbrachten Leistung überein? Klaus Burlinger (Name geändert; d. A.) fühlt sich vom System der Abrechnung betrogen und rennt nun seit über vier Monaten seinem Geld hinterher. Er bezahlte elf Tage Liegeplatzkosten zuviel, obwohl er seine Yacht längst nach Korsika verlegt hatte. Das Kreditkartenunternehmen hatte ohne seine Unterschrift 980 DM abgebucht. Ist dies rechtens?

Der Fall kann jedem Touristen in einem Hotel oder in einer Marina passieren. Bei der Anmeldung lässt man das Zimmer oder den Liegeplatz für 14 Tage reservieren. In diesem Fall muss Klaus Burlinger schon nach drei Tagen die Marina mit seiner Yacht verlassen, weil seine Freunde jetzt in der Hochsaison nur einen Flug nach Korsika organisieren konnte. Statt rund Sardinen steht nun ein Törn rund Korsika an. Klaus Burlinger bezahlt mit einer Kreditkarte die drei Tage Liegeplatzkosten und fährt mit raumem Wind nach Korsika ab. Ein ganz normaler Geschäftsvorgang, wie schon hundertfach praktiziert. Das dicke Ende erkennt Klaus Burlinger erst nach drei Monaten. Er findet in seiner Post den Brief der Marina-Verwaltung. Dort steht: Durch die verfrühte Abreise hätte man den Liegeplatz nicht anderweitig vermieten können und deshalb hätte man sich erlaubt, die restlichen elf Liegeplatz-Tage mit der Kreditkarte abzubuchen.

Ein Rabatt über 20 % wäre aus dem beigefügten Rechnungsbeleg ersichtlich. »Die Kartenorganisation hatte den Betrag über 980 DM ohne meine Unterschrift, und ohne weitere Prüfung des Rechnungsbelegs abgebucht. Mitten in der Hochsaison erscheint die Argumentation der Marina-Verwaltung als schlichte Lüge und pure Geldschneiderei.«

Der Anruf beim Kreditkarten-Unternehmen führt zu keinem positiven Ergebnis. Dort wird ihm mitgeteilt, dass ein Hotel zum Beispiel auch Nachberechnungen der leergeräumten Minibar mit einem zusätzlichen, nicht unterschriebenen Rechnungsbeleg nachreichen könnte und den Betrag ersetzt bekäme. Gleiches Prozedere sei auch bei reservierten, aber nicht voll »ausgenutzten« Hotelzimmern üblich. Die zusätzlichen Liegeplatzgebühren würden der Hotelpraxis entsprechen. Die Kreditkarten-Organisation verweigerte die Rückzahlung der unrechtmäßig bezogenen Rechnung, obwohl Klaus Burlinger die Sache seinem Anwalt übergab. Dieser argumentiert: »Das ist klar Betrug, hier wurde ein Auftrag vorgetäuscht, der nicht gegeben wurde«.

In einem ähnlichen Fall musste ein mir bekanntes Ehepaar drei Nächte in einem Hotel zusätzlich bezahlen, obwohl sie wegen Baulärms vorzeitig ausgezogen waren. Das Zimmer war für vier weitere Tage reserviert gewesen. Auch in diesem Fall hatte das Kreditkarten-Unternehmen einen nicht unterschriebenen Rechnungsbeleg des Hotels akzeptiert. Die Sache ging nach einem längeren Schriftwechsel schließlich zur Verbraucherberatung, und dort steht der Anwalt auf dem nachvollziehbaren Standpunkt: »Die Bank darf nur im Auftrag des Kunden über dessen Konto verfügen. Wenn ein Hotel meint, Ansprüche noch zu haben, muss es diese beim Gast einklagen.« Das Kreditkarten-Unternehmen sieht die Sache anders: »Ist der Kunde mit dem Betrag nicht einverstanden, muss er bei seiner Bank reklamieren«.

Weder die Bank noch das Kreditkarten-Unternehmen sind bereit, Klaus Burlinger und Leidensgenossen das Geld zurück zu erstatten. Der von stundenlangen Telefonaten genervte Segler verklagte nun das Kreditkarten-Unternehmen. Jetzt wird sich ein deutsches Gericht mit diesem Thema beschäftigen. Bislang gibt es keine Rechtssprechung als Grundlage, obwohl im üblichen Zahlungsverkehr mit der Kreditkarte immer noch eine Unterschrift benötigt wird. In den Vertragsbedingungen des Unterneh-

Wer als Segler ständig fremdes Geld eintauschen muss, reduziert den Wert seines deutschen Geldes durch Inflation, Umtauschgebühren und eventuell auch Verlust. Der brasilianische Real (oben) ist ein ständiger Abwertungskandidat. Der venezolanische Bolívar befindet sich in einem noch stärkeren Abwärtstrend. East Caribbean Dollars hingegen kosten ständig mehr für deutsche Segler – paritätisch zum US-Dollar. Der Singapore Dollar (unten) ist eine stabile Währung mit intaktem Aufwertungspotential. 1999 stieg diese Währung um 24 % gegenüber der DM.

mens steht: »Bei der Nutzung der Karte hat der Karteninhaber entweder einen Beleg zu unterzeichnen oder im Falle einer Barauszahlung die Geheimnummer einzugeben.« (Visa) Eurocard räumt nach unseren Recherchen ein, dass die Nachbelastung ohne Unterschrift gängige Geschäftspraxis sei, die nirgends verbindlich geregelt sei. Ähnlich sehen es die Kollegen.

Was lernt man aus diesem unerfreulichen Vorgang? Bei den marktbeherrschenden Kartenunternehmen wie Visa International, Eurocard und Citibank werden nach unseren Recherchen noch offene Posten von Hotels, Mietwagenfirmen und Reisebüros ohne Unterschrift akzeptiert. Eurocard führt aus: Den Nachweis für die Richtigkeit des Betrags hat das Hotel oder das Mietwagen-Unternehmen zu erbringen. Visa verweist auf die AGB (Allgemeine Geschäftsbedingungen) in diesem Punkt. In den Vertragsbedingungen steht, dass »nach vorheriger Absprache« zwischen Karteninhaber und Vertragsunternehmen der Karteninhaber »ausnahmsweise« auf die Unterzeichnung des Belegs verzichten kann. Mit diesem Passus sollte man nicht einverstanden sein, und wenn es nicht anders geht, den Kartenvertrag aufkündigen.

Ersatzteile elektronisch bezahlt – Risiko!

Das Angebot klingt verlockend. Als Langzeit-Segler korrespondiert man via Internet zum heimischen Bootsvertreter und bekommt die Ersatzteile innerhalb von 24 Stunden mit DHL oder UPS ins ferne Ausland zugeschickt. Bezahlt wird mit der Kreditkarte. Dazu wird die Kartennummer, der Name und die Gültigkeitsdauer der Kreditkarte übers Internet versandt. Auf eine persönliche Unterschrift wird bei diesem Kaufvertrag verzichtet. Dies ist bequem, aber auch riskant. Schließlich stehen so die persönlichen Kreditkarten-Daten unverschlüsselt im Internet.
Den Zugang zum Konto schaffen Computer-Freaks als Gesellenstück zu ihrer Hacker-Karriere, wie schon mehrfach bewiesen wurde. So tricksten zwei pfiffige Realschüler 1998 die Telekom aus. Sie knackten den Zugangscode des T-Online-Dienstes. Über diesen Telekom-Dienst und das ebenfalls geschlossene Netz von AOL laufen derzeit die meisten Homebanking-Verbindungen. Die beiden Jungs ergänzten mit einem selbstgeschriebenen PC-Programm die Standardversion von T-Online mit zusätzlichen Funktionen und starteten dann ihren Angriff. Solche »Powertools« sind bei Computer-Experten via kostenloser Internet-Anleitung äußerst beliebt. Deshalb empfiehlt der Bundesverband deutscher Banken auch, die Kartendaten nie unverschlüsselt ins Internet zu stellen. Man rät, die Kartennummer per Fax oder Brief zuzustellen, oder sich einer Verschlüsselungs-Technik zu bedienen. Dafür vereinbart der Kunde mit seiner Bank vor der Abreise ein Kennwort, oder eine Folge von Kennwörtern oder auch Zahlenreihen, denn das Vertrauen der Bankkunden ist durch solche und ähnliche Vorfälle erschüttert. Der Datenverkehr zwischen Bank und Kunde lässt sich von einem betrügerischen Angestellten heimlich auf Diskette speichern und zu Hause in Ruhe entschlüsseln. Den Beweis lieferte im vergangenen Jahr ein Berliner Servicetechniker

einer Softwarefirma, die Banken betreut. Er knackte die Pin-Nummern der EC-Karten und fertigte 79 falsche Karten an, mit denen er 379 Mal fremde Konten anzapfte. Bis dieser Spezialist von der Kripo mehr durch Zufall erwischt wurde, hatte er 314.288 DM fremdes Geld aus den Bankautomaten gezogen.
Nach neuester deutscher Rechtsprechung genießen Kunden, die Ware telefonisch oder übers Internet bestellt haben, einen besonderen Verbraucherschutz. Schickt der Händler Ware zu, die der Kunde gar nicht bestellt hat, muss der Händler den eingezogenen Betrag nach dessen Reklamation wieder an den Kunden zurückzahlen. Die Beweispflicht, dass die Ware bestellt und auch zugestellt wurde, liegt nach neuester deutscher Rechtsprechung klar beim Händler. Gilt dies auch bei ausländischen Internet-Partnern?
Fern im sonnigen Süden kann sich jeder Langzeit-Segler die Streitereien vorstellen, die daraus entstehen, dass ausländische Anbieter von Yachtzubehör Ware zusenden, von der nur ein Angebot, bzw. Preisvergleich stattfinden sollte. Den Begriff »Angebot einreichen« verstehen nach unseren Erfahrungen manche spanische Internet-Händler schon als Auftrag für die Lieferung der Ware. Nach deutschem Recht muss der Händler die Ware zurücknehmen und das Geld zurück überweisen. Erklären Sie dies einmal einem Schiffszubehör-Händler in Marbella oder auch in Gibraltar!
Wer auf Nummer Sicher gehen will, sollte alle Internet-Geschäfte mit deutschen Partnern und nach deutschem Recht abwickeln. Gute Freunde oder Verwandte in der Heimat könnten die Bestellung über Internet oder Fax an den Lieferanten weiterleiten. Die paar Tage »verlorene Zeit« müssten bei jedem Segelabenteuer drin sein.
Denn in einem Punkt sollte man den Internet-Experten glauben: Wer seine Kreditkartendaten übers Internet jedem zugänglich macht, handelt zumindest fahrlässig. Ein Anwalt meint dazu: »Da kann ich gleich einen Blankoscheck verschicken.« Die Kreditkarten-Unternehmen sahen ihre Felle davonschwimmen und propagieren nun den »SET-Standard« (Secure Electronic Transaction) als sichere elektronische Übertragung. Wenn bei einer Bestellung per Internet die Daten einer Kreditkarte in den Computer eingetippt werden, werden diese Daten verschlüsselt zu

einer sogenannten Autorisierungs-Institution weitergeleitet, die dann die Daten wieder entschlüsselt und die Identität des Karteninhabers und die des Händlers überprüft. In Deutschland ist die GZS mit Sitz in Frankfurt die Autorisierungs-Institution für den bargeldlosen Zahlungsverkehr. Die GZS wickelt alle Visa- und Mastercard-Geschäfte ab. Beim SET-Standard müssen sich Käufer und Verkäufer bei der Kreditkarten-Ausgabestelle registrieren lassen. Damit hat die GZS die genaue Übersicht über den Benutzerkreis. Bislang nutzen allerdings nur wenige Verkäufer und Käufer diesen kostenlosen Service. Aus gutem Grund. Die unseriösen Geschäftemacher wollen nur an die Kartendaten herankommen. So ist bei der GZS ein Fall bekannt, wo ein Kunde einen feinen Blumenstrauß via Internet für die Freundin bestellte und wenig später dann Kosten für eine komplette Wohnungseinrichtung in der Abrechnung vorfand. Der Kunde bekam sein Geld zurück, aber wer bezahlt ihm den Ärger und den Aufwand, der mit solch einer Reklamation verbunden ist? Niemand. Ein Mitarbeiter des Bundesamtes für Sicherheit und Informationstechnik meint: »Der moderne Bankraub findet heute via Laptop, Handy und Internet statt.«

Gerade als Aussteiger auf Zeit sollte man fern der Heimat die Warnungen der Sicherheitsexperten wirklich ernst nehmen. Datendiebe haben Hochkonjunktur, und die eventuelle Bestrafung sitzen die auf einer Backe ab.

Die passende Bankverbindung

Nabelschnur zur Heimat

Die Erfahrung vieler Langzeitsegler zeigt: »Wer an seine laufenden Verpflichtungen ständig denkt, schafft nie den Absprung«. Leider reicht es nicht, die Wohnungstür hinter sich abzuschließen. Wer bezahlt in den kommenden Monaten die Strom-, Wasser-, Gas- und Telefon-Pauschalen, wer die Steuern und Versicherungen? Wer überprüft meine Banküberweisungen? Bin ich vor Fehlüberweisungen sicher? Mit einem verständnisvollen Bankangestellten im Hintergrund lassen sich auch schwierige finanzielle Klippen fern der Heimat umsegeln.
Mit Daueraufträgen bei der Bank und Einzugsermächtigungen lassen sich die meisten ständigen Zahlungen erledigen. Mietzahlungen, Abschlagszahlungen für Strom, Wasser und Gas können sie mit einer Einzugsermächtigung oder per Dauerauftrag einwandfrei regeln. Läuft etwas mit der Höhe der Beträge Ihrer Ansicht nach schief, kann der Differenzbetrag nach Abschluss der Reise verrechnet werden. Problematischer sind die unregelmäßigen Abbuchungen wie Telefon- und Handyrechnungen, Kfz-Steuern, Versicherungs-Beiträge oder auch Kreditkarten- und Bankgebühren-Rechnungen. Alle Banken bürgen nur für eine Nachprüf-Frist der Abbuchungen von vier bis sechs Wochen. Fehlbuchungen sind leider keine Seltenheit. Über den Missbrauch von Kreditkarten wird auf der Seite 135 berichtet. Ohne Kontrolle der Abbuchungsbelege kann die Reise abrupt enden. Die Bank sperrt Ihr Konto und damit sind sämtliche korrekte Daueraufträge ad acta gelegt, sofern Sie ein Nobody bei Ihrer Hausbank sind.
Was passiert, wenn Ihre Wohnung während der monatelangen Abwesenheit ausgeraubt wird? Die Hausratversicherung bezahlt keinen Pfennig, wenn Schmuck, Münzen, Geld, Wertpapiere und dergleichen in Kommoden, unter der Matratze und ähnlichen Verstecken versenkt werden. So sieht es mit dem Restrisiko aus: 1998 wurden 113.000 Haushalte in Deutschland beraubt. Der Gesamtschaden belief sich auf

640 Millionen DM. Bei 41 Prozent der Einbrüche betrug der Schaden zwischen 1000 und 10.000 Mark (Quelle: Bundeskriminalamt, Jahresbericht 1998). Solange kein eingebauter Safe die Wertsachen schützt, gibt es kein Geld von der Versicherung. Mein Bankberater gab mir den entscheidenden Tipp – das Mini-Schließfach, oder auch die preiswerte und weit vernünftigere Alternative, der persönliche »Minisafe« bei Ihrer Bank. Kleine Minisafes im Format eines Aktenordners kosten jährlich nur 60 bis 130 Mark Gebühr. Alles eine Frage der Verhandlung und der Ausstattung. Mit einer speziellen Geheimnummer lassen sich die neuesten Minisafes rund um die Uhr bedienen. Für diesen Komfort bezahlt man den höheren Tarif. Die einfachen Schließfächer kosten nur die Hälfte.

Der persönliche Kontakt zu einem Mitarbeiter Ihrer Hausbank zahlt sich in Krisensituationen fern der Heimat wirklich aus. Per Telefonat zum Kundenberater der Hausbank ließen sich bei unseren mehrmonatigen Reisen in den letzten 30 Jahren auch mittelgroße seglerspezifische »Katastrophen« in kürzester Zeit lösen. Hier ein paar Erlebnisse aus dem Nähkästchen. Innerhalb von zwei Tagen bekam ich jeweils telegrafisch Geld angewiesen für:

- Eine rund 6000 DM teure Motorreparatur am Schiff auf Mallorca.
- Drei nicht eingeplante Flugtickets im Wert von etwa 2500 DM von den Azoren nach Deutschland.
- Eine größere Geldüberweisung nach Florida, weil die gesamte 18.000 DM teure professionelle Fotoausrüstung aus dem Hotelzimmer gestohlen worden war und ich den Auftrag für eine schwierige Reportage nicht verlieren wollte.
- Finanzielle Hilfe beim Verlust meiner Brieftasche mit sämtlichen Schiffs- und persönlichen Dokumenten, Geld und Kreditkarten in Südafrika.

Nach unseren eigenen positiven Erfahrungen sind kleinere Volks- und Raiffeisenbanken wesentlich flexibler als die Großbanken. Sie bedienen nach unseren Recherchen unter Langzeit-Seglern ihre reiselustigen Kunden mit »mehr Herz«, als die bekannten Multis, wo ein Kunde unter einer Million DM Guthaben nur ein kleiner Fisch ist. Andererseits verfügen die Großbanken über zahlreiche Auslandsvertretungen in allen bekannten Handelszentren mit direktem Kabelanschluss an die Zentrale in

Manche Währungen sind kaum das Papier wert, auf dem sie gedruckt wurden. Erfahrene Langzeitsegler bezahlen deshalb vor Ort mit dem überall gefragten US-Dollars, oder wechseln erst vor Ort in die Landeswährung um. Zwischen dem offiziellen und inoffziellen Umrechungskurs liegt bei schwachen Währungen eine 30 % ige Spanne, die jedem Globetrotter gefällt.

Deutschland, der Schweiz oder in Österreich. Hier lassen sich problemlos Kontoauszüge und sonstige Bankgeschäfte per Internet tätigen. Die kleineren deutschen Volksbanken wickeln ihre Auslandsgeschäfte via Internet oder Fax über ausländische Korrespondenzbanken ab. Im Steuerparadies Curaçao erhält man in Minuten sein Geld. Zwei Tage länger dauert es auf der Azoreninsel Horta. Hier spielt es keine Rolle, ob man Kunde der Deutschen Bank oder einer kleinen Raiffeisenbank ist. Geldanweisungen lassen zwei bis drei Tage auf sich warten, weil es nur eine Bank dort gibt, E-Mail ist noch ein Fremdwort.

Der Bezug von Bargeld über Bankautomaten ist eine wesentliche Erleichterung für jeden Langzeit-Segler rund ums Mittelmeer. Mit der EC-Karte kann aber auch auf Französisch-Polynesien im Pazifischen Ozean, auf Réunion im Indischen Ozean oder auf Martinique in der Karibik blitzschnell Bares abgehoben werden. Die Vernetzung der Banken macht es möglich, dass man mit der EC-Karte, Visa oder Europ/Mastercard zumindest in allen wichtigen Touristenzentren am Bankautomat Bargeld abheben kann. Was passiert aber, wenn Falschgeld aus dem EC-Automaten kommt? Auf Sardinien wurde im

Sommer 1998 ein Bankautomat mit Falschgeld gefüttert. Mit der Einführung der Euro-Geldscheine wird Falschgeld zum Riesengeschäft für das organisierte Verbrechen. Dass korrupte Bankangestellte bei diesem Deal mitmischen, ist längst bewiesen. In Mailand wurde im November 1998 der Angestellte einer Großbank überführt der nach eigenen Aussagen im Laufe der letzten drei Jahre Touristen über 150 Millionen falsche Lira untergejubelt hatte.

Tipp: Größere Geldmengen sollte man im Ausland nicht bei einer Wechselstube eintauschen, obwohl dort der Kurs meist günstiger ist, als bei einer großen Bank. Vielleicht wartet der Kompagnon des Geldwechslers nur auf ein Zeichen, und schon ist man in der nächsten dunklen Ecke das viele Geld wieder los. Eine gängige Praxis in südamerikanischen Ländern. Die beste Weltwährung ist immer noch der US-Dollar. Doch Vorsicht: Nach wie vor sind die 100-Dollar-Scheine am besten für die Falschgelddrucker geeignet. Erfahrene Globetrotter nehmen diese Scheine nicht mit, weil das Einwechseln selbst in den USA zu Problemen führen kann. Der neuen Euro-Währung droht das gleiche Schicksal. Im Ausland kennen nur bedeutende Banken die neuen Geldscheine. Deshalb Bargeldreserven splitten: 50 % in US-Dollar-Traveller-Schecks, 25 % in US-Dollar kleiner Stückelung, und die restlichen 25 % in Euro, DM oder Schweizer Franken.

Traumurlaub auf Kosten der Finanzkasse

Wer Steuern zahlt, hat etwas falsch gemacht.« So sieht es ein Kollege, der seit acht Jahren für viele Monate mit seinem Campmobil in Afrika unterwegs ist. Ernie (45) ist Junggeselle und reist mit deutlich jüngeren Reisebegleiterinnen, die er über Kontaktanzeigen findet, durchs Land : »Die Damen rennen einem die Bude ein, wenn man vom unbeschwerten Urlaub unter tropischen Palmen erzählt. Die meisten plündern ohne Zögern ihre Sparkonten, weil es offensichtlich wenige Männer gibt, die nicht nur vom zeitweiligen Aussteigen träumen, sondern es echt realisieren. Zu zweit genießen wir dann bei Halbe-Halbe der üblichen Ausgaben 110 Prozent Lebensfreude. Nach sechs bis neun Monaten rufe ich meine Kumpels in der Heimat an und teile ihnen meine Rückkehr in die Maloche mit. Das hat bis jetzt einwandfrei geklappt und meine Auftraggeber akzeptieren meine Reiselust.«
Weniger erfreut zeigt sich das zuständige Finanzamt über Ernies Zahlungsmoral. Seine Bereitschaft, überfällige Steuern zu bezahlen, ist schwach ausgeprägt. Die Sachbearbeiter kennen Ernies Masche zur Genüge. Als einkommenssteuerpflichtiger, selbstständiger Werbezeichner und Bildjournalist kann Ernie zwei Jahre nach dem Abrechnungs-Stichtag noch seine Steuererklärung abgeben. Ernies Steuerberater hält für ihn die Stellung in der Heimat und vertröstet das Finanzamt auf Ernies Rückkehr in neun Monaten. Mit diesem Vorsprung rechnet Ernie, der ihm sein Startkapital für den Ausstieg auf Zeit ermöglicht. Er gibt das für die Steuerzahlung vorgesehene Geld einfach für die nächste Reise aus. Die schmucke Reisebegleiterin wird auch zur gemeinsamen Bordkasse gebeten. Damit ist die Finanzierung wieder einmal gesichert. Bei seiner Rückkehr erwartet ihn die fällige Nachzahlung der Steuerschuld, plus saftige Vorauszahlungen für die zukünftigen Einnahmen. Auch damit rechnet Ernie. Flugs lässt er sich bei einem Kumpel als

Lohnsteuerpflichtiger für ein Jahr anstellen. »Damit läuft der Druck des Finanzamts ins Leere«, meint der Afrika-Fan. Ernies Steuerberater handelt nun mit dem Finanzamt eine sehr moderate Abzahlungsverpflichtung der alten Schulden aus, und die gefürchteten Einkommenssteuer-Vorauszahlungen entfallen ersatzlos, weil Ernie jetzt Lohnsteuerempfänger ist und ein festes Einkommen bezieht. Unter dem Strich gesehen hat Ernie nichts bei der Steuer gespart, er hat allerdings einige schöne Jahre ohne die Last der Steuerzahlungen gewonnen. Zwei Mal hat Ernie bislang den Wohnsitz und das zuständige Finanzamt »gewechselt«. Ernie erzählt in einer schwachen Stunde: »Sofern Du einen Steuerberater hast, der Dir genehm ist, und sich nicht als Außenstelle des Finanzamts fühlt, lässt sich das Amt auf jeden Deal mit den Steuernachzahlungen ein, wenn man dann die Raten pünktlich bezahlt. Weil mein altes Finanzamt nicht mehr so recht mitziehen wollte, wechselte ich den Wohnsitz und somit das Amt. Damit fing das Geschacher von Neuem an. Inzwischen war ich wieder für sechs Monate auf Achse.« Als durchgehend selbstständiger Werbezeichner wäre Ernie mit seinen Steuerschulden längst gepfändet worden. Als Lohnsteuerpflichtiger muss das Amt eine Daueranstellung mit kalkulierbarem Einkommen ansetzen. Vom Gesetz her kann das Finanzamt auch Lohnsteuerzahler bei Steuerschulden bis zum Existenzminimum pfänden – alles eine Frage der Verhandlungen. Ein erfahrener Steuerberater wird dem Amt eine angemessene, sofortige A-Kontozahlung seines Klienten anbieten und überschaubare Ratenzahlungen versprechen. Wer aber als säumiger Steuerzahler diese Ratenzahlungen nicht einhält, verwirkt sämtliche Vereinbarungen und muss die gesamte Restsumme sofort bezahlen, sonst wird er gepfändet. Ernies Balanceakt ging bislang immer gut, weil er die Vereinbarungen über einen angesehenen Steuerberater abwickelte und die Ratenzahlungen einhielt. Ob sich Ihr Finanzamt ebenso kulant zeigt, ist offen. Grundsätzlich besteht kein Anspruch auf eine Stundung in diesem Fall.

Weltumseglung als Betriebsausgabe?

Kann ich das Finanzamt bei meinem Trip um die Welt »mit ins Boot holen?« Lässt sich meine Weltreise steuerlich gesehen vielleicht sogar vergolden? Davon träumt jeder kreative Steuerzahler, der nun vom zeitweiligen Ausstieg träumt. Leider träumt das Finanzamt eher von saftigen Steuer-Mehreinnahmen, als von steuerlich absetzbaren Verlusten, wie bei einem Yachtkauf oder teuren Reisekosten-Abrechnungen.

»Wer sich beim Finanzamt ganz offiziell für die kommenden Jahre abmeldet, bekommt nichts als Ärger. Unter Umständen steht sogar die Steuerfahndung um sieben Uhr morgens vor dem Haus. Deshalb rate ich jedem Aussteiger: Einfach abhauen und die Steuer vergessen«. Unser Informant ist seit 30 Jahren immer wieder für Monate auf Achse und führt zurück in der Heimat einen ständigen Kleinkrieg mit seinem zuständigen Finanzamt. Mal sind es umfangreiche Reiseabrechnungen, die das Finanzamt nicht anerkennen will, mal sind es verspätet abgelieferte Einkommenssteuer-Veranlagungen, weil unser Mann wieder einmal das richtige Outback braucht. Selbst die Androhung von einem Bußgeld über 10.000 Mark wegen Nichtabgabe der Einkommenssteuererklärung ließ den fernwehkranken Segler nur kurz zusammenzucken. Inzwischen wurde der Maßnahmenkatalog gegen säumige Steuerpflichtige auf 50.000 Mark erhöht (Quelle: Bundesfinanzministerium 10/99). Das ist eine Menge Bußgeld für nicht fristgerechte Steuererklärungen. Unser extrem sympathischer, aber auch egozentrischer Segel-Globetrotter schreibt Bücher, hält ordentlich honorierte Dia-Vorträge und ist als Umweltschutz-Aktivist immer dann an vorderster Front, wenn die Fernsehkameras auf Sendung gehen. Fürs Finanzamt sind seine Reisen »Liebhaberei«, für unseren Helden »oft harte Arbeit, die entlohnt werden muss«. Seine Honorare versteuert er, wenn auch mit einer mehrjährigen Verspätung,

Manuskriptarbeiten an einem lauschigen Ankerplatz? Ein frommer Wunsch des Autors. Tatsächlich wird vom mir die meiste berufliche Arbeit zu Hause erledigt. Am Ankerplatz fehlt einfach der nötige Druck.

genauso wie jeder brave Steuerzahler.
Langzeit-Reisen werden nach den Erfahrungen des Autors und anderer Kollegen steuerlich gesehen nie zu 100 % vom Finanzamt als eine absetzbare Geschäftsreise anerkannt, obwohl man mit dem Bild- und Textmaterial Geld einnimmt. Das Finanzamt rechnet die verauslagten Reisekosten mit dem erzielten Honorar von Zeitschriftenartikeln, Büchern und dergleichen hoch und ermittelt dann einen Gewinn oder Verlust. Liegen die erzielten Honorare höher als die Reisekosten, kann sich das Finanzamt schwerlich auf den Standpunkt stellen, die Reise sei nur aus Liebhaberei gestartet worden und deshalb als Geschäftsreise nicht absetzfähig.

Nach eigenen Erfahrungen zahlt sich ein argumentationsstarker Steuerberater gerade in solch subtilen Fragen wie der »Liebhaberei« langer Reisen aus. Der Fachmann verweist in einem ausführlichen Brief ans Finanzamt »... auf die zukünftig zu erwartenden Einnahmen aus der Verwertung des Bild- und Textmaterials durch Dia-Vorträge oder den Verkauf von Dias an Bildagenturen und dergleichen.« Letztlich kommt es häufig zu einem Kompromiss zwischen den Steuerexperten. Das Finanzamt lässt 50 % der Kosten für die Outback-Tour als »Geschäftsreise« gelten, und akzeptiert die noch zu erwartenden Mehreinnahmen als voraussichtlichen Gewinn für die nächsten Jahre.

Wer alles auf eine Karte setzt und ein neu gekauftes Schiff oder den Camper samt Reise als Geschäftsausgaben deklariert, erleidet nach Ansicht des Autors einen steuerlichen Schiffbruch erster Klasse. Mir ist kein Fall bekannt, wo ein deutsches Finanzamt eine überwiegend privat genutzte Weltumsegler-Yacht steuerlich gesehen voll als geschäftliche Investition anerkannt hat, obwohl damit Charterhonorare, Buchhonorare etc. erzielt worden sind. Ein bekanntes Segler-Ehepaar hat es jahrelang probiert, ging sogar bis zum Oberfinanzgericht, aber letztenendes verloren sie gegen das Amt, denn die Yacht wurde vier Jahre vor dem Ablegen zur Weltumseglung nicht zum Zwecke von Gewinnen angeschafft, sondern »für Reisen mit überwiegend privatem Charakter«. Obwohl viele zahlende Mitsegler an Bord waren, blieb unter dem Strich kein Gewinn übrig. Beruflich genutzte Segelyachten sind steuerlich gesehen nicht vergleichbar mit Fracht- oder Kreuzfahrerschiffen, meint der Gesetzgeber in den meisten Fällen, obwohl Frachter fast ausschließlich als Verlustzuweisung für Besserverdienende dienen. Sie fahren in den seltensten Fällen in die Gewinnzone.

Tipp: Komplizierte Steuermodelle sind etwas für multinationale Charterboot-Gesellschaften. Für private Yachtbesitzer mit Aussteiger-Ambitionen lohnt sich der Aufwand mit der Absetzfähigkeit nicht, obwohl es immer wieder von Yachthändlern angepriesen wird. (Übrigens: In meinem Buch »Bootskauf, aus Fehlern lernen«, erschienen im Pietsch Verlag, Stuttgart, werden krasse Verkaufspraktiken gezeigt, die jeder angehende Bootskäufer kennen sollte.)

Fixe Kosten senken bei der Mietwohnung

Wie das Schicksal so spielt. Da leben zwei begeisterte Segler zwei Jahre lang in trauter Zweisamkeit unter einem Dach, und dann gibt es plötzlich Ärger. Der Lebensgefährte zieht aus der gemeinsamen Mietwohnung über Nacht aus und lässt die einst innig Geliebte im finanziellen Regen stehen. Sie soll jetzt, quasi als Strafe für ihren Seitensprung, allein für die vollen Kosten der Mietwohnung aufkommen. Man traf sich vor Gericht wieder, und das Oberlandesgericht gab der Dame recht: Sechs Monate lang muss der Verflossene noch 50 Prozent Anteil an der Miete bezahlen. Die Gerichts- und Anwaltskosten gingen voll zu Lasten des Beklagten. Die nächste Weltreise war damit gestorben.

Hohe laufende Mietkosten sind ein dicker Pferdefuß bei der Planung von ausgedehnten Reisen. Erfolgreiche Aussteiger auf Zeit trennten sich meist von ihrer teuren Mietwohnung, weil eine Untervermietung eine riskante Sache ist. Zahlt mein guter Kumpel pünktlich die Miete, wenn ich mir auf einer indonesischen Insel die Füße von einer Dorfschönheit massieren lasse? Klaut mir die beste Freundin meine CD-Sammlung während meiner Abwesenheit, weil sie immer mitreisen wollte, dann aber Angst vor der eigenen Courage bekam und in Castrop-Rauxel blieb? Wer bezahlt mir die typischen Beschädigungen an Teppichen, Tapeten, an der Waschmaschine und dergleichen? Bin ich sicher, dass mein bester Freund nicht wieder zum Kettenraucher und anonymen Alkoholiker wird? Und wer garantiert mir die freudig erwartete Ankunft bei Witwe Erna, die mir in einem Schwächeanfall ihr O. K. für die Untervermietung gegeben hat? Es gibt tausend Gründe, weshalb man bei der Mehrzahl aller Mietverhältnisse einen Schlussstrich ziehen und die Wohnung vor der Reise aufkündigen sollte.

Stress mit dem Untervermieter? Aber ja. Michael S. wollte seine lang gesuchte und endlich erspähte Traumwohnung am Stuttgarter Killesberg nicht aufgeben, und gewann einen Geschäftskollegen als Untervermieter für die Zeit seiner Abwesenheit. »Wir hatten an alles gedacht, um etwaigen Ärger von vornherein auszuschalten. Also, ein richtiger Untermietervertrag, in dem die Zahlungsmodalitäten und die Reglung von eventuellen Schönheitsreparaturen festgeschrieben wurde. Dazu fertigte ich sogar Farbfotos als Beweissicherung an. Dann gab meine Vermieterin ihr schriftliches Einverständnis. Zu guter letzt schloss ich noch eine private Haftpflichtversicherung ab und fühlte mich somit auf der sicheren Seite. 15 Monate später traf mich fast der Schlag. Das Schloss an der Wohnungstür war ausgewechselt worden. Vom Kollegen und Untermieter keine Spur. Meine Vermieterin würde für die nächsten Monate auf Grand Canaria kuren, teilte mir die Nachbarin süßsäuerlich mit. Da war meine so mühsam erkämpfte Erholung auf einen Schlag im Eimer.«

Was war geschehen? Der Geschäftskollege hatte Ärger mit seiner Firma bekommen und gekündigt. Im 800 Kilometer entfernten Hamburg fand er eine neue Stelle, aber für zwei Wohnungsmieten reichte der Verdienst bei weitem nicht. Die Stuttgarter Wohnungseignerin sah gerade zwei Monate Geld, dann war Ebbe auf dem Mietkonto. Natürlich kündigte sie

Brasilianische Preise im Juli 1999: der Hamburger für umgerechnet 75 Pfennige, oder eine leckere Pizza für 2,25 DM. Das sind exakt die Preise, an denen jeder Weltenbummler seine Freude hat. Der vitamreiche Saft einer Kokosnuss kostet 35 Pfennige.

die Wohnung umgehend auf und suchte nach einem solventen Nachmieter, den sie auch fand. Michaels Möbel lagerte sie bei einer Spedition ein und bezahlte für die Transport- und Lagerkosten 5000 Mark. Acht Monate später traf man sich vor dem Stuttgarter Landgericht wieder. Die Vermieterin pochte auf die ausstehenden Mietzahlungen und die »Arbeitsgebühren« für den unfreiwilligen Mieterwechsel. Unter dem Strich belief sich ihre Forderung auf 24.800 DM. Dann sollten noch die Gerichts- und Rechtsanwaltskosten von Michael beglichen werden. Beim ersten Gütetermin verspritzten die beiden Kontrahenten noch viel Gift und Galle, obwohl sie in der Vergangenheit so manches Stück süßen Apfelkuchen mit Sahne zusammen genossen hatten. Michaels Hoffnung auf einen gütigen Vergleich trog nicht, weil die Vermieterin verpflichtet ist, eine Abmahnung zustellen zu lassen, bevor sie eine Räumungsklage bzw. einen Räumungsprozess anstrengen kann. Dies hatte die resolute Dame unterlassen. Der eigenmächtige Hinauswurf ihres Mieters war damit rechtswidrig, und das einmal geschlossene Mietverhältnis bestand auf dem Papier weiter. Der Richter schlug einen vernünftigen Ausgleich für die entstanden Kosten vor. Mit insgesamt 15.000 Mark an Auslagen und Gebühren kam Michael noch mit einem blauen Auge davon. Wäre die Wohnung nicht nach zwei Monaten weitervermietet worden, wären über 40.000 DM an Mietkosten, Transport und Lagerung seiner Möbel und Gerichts- und Anwaltskosten angefallen.
In beiden Fällen kann Michael diese Kosten nun von seinem Ex-Kollegen einfordern. Ob er damit Erfolg hat, bleibt abzuwarten, weil der Untermieter-Vertrag ohne zeitliche Begrenzung abgeschlossen wurde. Ein elementarer Fehler, weil ohne diese zeitliche Begrenzung der Untermieter auch nicht verpflichtet ist, wieder auszuziehen, wenn der Langzeit-Urlauber nun wieder in heimatlichen Gefilden wohnen möchte.
Lässt sich der ganze Ärger mit Hilfe einer Mitwohnzentrale verhindern? Vielleicht, aber nicht unbedingt. Grundsätzliche, gesetzlich verankerte Voraussetzung: Sofern der Haus- oder Wohnungsbesitzer einverstanden ist, können Sie als Mieter ein Vermittlungsbüro mit der Weitervermietung Ihrer Mietwohnung beauftragen. In allen deutschen Großstädten etablierten sich

in den vergangenen fünf Jahren diese 45 Vermittlungsbüros, die dem Ring Europäischer Mietwohnzentralen e. V. (REM) angeschlossenen sind.
In den USA und Großbritannien werden über 10 Millionen Wohnungen und Häuser jedes Jahr über diese Vermittlungsbüros, oder besser gesagt Agenturen, an Wohnungssuchende weitervermittelt.
Die Agentur lebt von der Vermittlungsprovision, die sie vom Untervermieter, dem zeitweiligen Aussteiger kassiert. Für ein halbes Jahr Vermietung muss der bisherige Untervermieter etwa eine Monatsmiete an die Agentur abführen. Für eine längere Untervermietung bis zu einem Jahr sind etwa zwei Monatsmieten fällig.
Wer ist die Kundschaft für diese zeitweise freistehenden Wohnungen? Im Raum Stuttgart sind zahlreiche ausländische Großkonzerne mit eigenen Zweigniederlassungen beschäftigt. Etwa 25 japanische Angestellte arbeiten derzeit bei der SONY Fernsehapparate-Produktion am Rande von Stuttgart. Das Werk wird bald geschlossen und die Produktion in die neuen Bundesländer verlagert. Für diese japanischen Mitarbeiter wurden Mietwohnungen für sechs und mehr Monate gesucht. Über eine Stuttgarter Mitwohnagentur konnten einige derzeit freistehenden Wohnungen vermittelt werden. Ausstehende Mietzahlungen gibt es bei solventen Partnern der Industrie nicht.
»Dennoch sind Kautionszahlungen für die voraussichtliche, oder auch besser, festgelegte Mietdauer obligatorisch«, meint eine Mitarbeitern der Mitwohnagentur, »damit wird vermieden, dass Zeitmietverträge nicht bis zum Ende erfüllt werden.
Das größte Risiko für den Aussteiger auf Zeit besteht in den erforderlichen Renovierungsarbeiten nach Auszug des Untermieters.
Diese Kosten gehen voll zu Lasten des Vermieters, der dafür allerdings eine höhere Miete verlangen kann, als er selbst an den Wohnungseigner bezahlen muss.« So ganz ohne Risiko ist das Geschäft mit der Untervermietung der Wohnung also doch nicht.

Laufende Kosten zu Hause reduzieren

Telefonanschluß kündigen

Eine vorübergehende Stilllegung ist nur bis zu sechs Wochen möglich. Dennoch fallen pro Woche zehn Mark als Grundgebühr an, ein teures Vergnügen. Deshalb: Telefonanschluß kündigen und nach der Rückkehr neuen Anschluss beantragen. Kostet derzeit 130 DM. Wer Druck macht, bekommt den Wiederanschluss mit gleicher Nummer innerhalb einer Woche. In der Ferne kann das Handy als Verbindung zur Heimat und zum bisherigen Arbeitgeber nützlich sein. Doch Vorsicht: Schon mancher Aussteiger bekam Auslands-Ferngespräche aufs »Auge gedrückt«, die seine sonstigen Lebenshaltungskosten auf den Malediven bei weitem überschritten. Jedes Ferngespräch von der Heimat ins Ausland belastet die Handy-Rechnung mit einem 50-prozentigen Anteil der Gebühren, obwohl man an diesem Gespräch eventuell gar nicht interessiert ist. Deshalb sollte man seine Handy-Nummer nur für den Notfall bei einer Vertrauensperson »hinterlegen«.

Radio und Fernseher abmelden

Die Rundfunk- und Fernsehgebühren-Einzugsstelle GEZ möchte den genauen Abreise- und Ankunftstag wissen, dann fallen keine Bearbeitungskosten für die vorübergehende Abmeldung an, die durchaus ein Jahr und länger sein kann.

Mitgliedschaft bei Vereinen ruhen lassen

Die meisten Vereine lassen bei längerer Abwesenheit ihrer treuen Mitglieder auch über die Beiträge mit sich reden. Härter verhandeln muss man mit Fitness-Studios oder Sportverbänden. Sie bestehen meist auf den Jahresbeitrag aus versicherungsrechtlichen Gründen.

Strompauschale neu verhandeln

Die meisten Energieversorger zeigen sich bei einem halb- oder ganzjährigen Urlaub des Kunden einsichtig und reduzieren die Strompauschale auf ein Minimum.

Müllabfuhr abmelden

Der laufende Jahresbeitrag ist meist »verlorenes Geld«. Die neue Jahresgebühren-Rechnung lässt sich mit einem rechtzeitig abgeschickten Einschreibebrief mit Rückschein juristisch einwandfrei vermeiden. Wer seine Müllgebührenrechnung nicht bezahlt, bekommt im Ernstfall den städtischen Gerichtsvollzieher ins leere Haus. Davon erfährt die Schufa, und bei Ihrer Bank gehen die roten Lichter an. Bis zu Ihrer Rückkehr gelten Sie bei der Bank als schwacher Kunde, der seine Geschäfte nicht im Griff hat.

Zeitungs-Abos abmelden oder ruhen lassen

Tageszeitungs-Verlage zeigen sich nach unseren Erfahrungen gegenüber ihrem Kunden in der Regel großzügig und lassen das Abo ruhen. Fachzeitschriften-Verlage pokern nach eigenen schlechten Erfahrungen um den Kunden und lassen nichts unversucht, den Abonnenten bei der Stange zu halten. Ein Grund für den Autor, keine Abonnements mehr mit Fachzeitschriften-Verlagen abzuschließen.

Auto und Motorrad abmelden?

Auto verkaufen oder behalten? Kein leichter Entschluss, wenn einem das schöne Stück am Herzen hängt. Dennoch füllt der Erlös die Reisekasse auf und erlaubt ein Verlängern des Aufenthalts unter wiegenden Palmen. Tatsächlich erkennen die meisten Autofreaks nach Abschluss der Reise die prinzipiellen Nachteile solch einer langwierigen Partnerschaft mit dem fahrbaren Untersatz. Das Auto kostet auch bei Stillstand Geld. Abgemeldete Fahrzeuge werden von der Polizei auf öffentlichen Parkplätzen schon bald konfisziert. Bei der Rückkehr wartet dann eine saftige Standrechnung auf den Besitzer.
Mit der Kfz-Versicherung lässt sich bei kürzeren Reisen bis zu sechs Monate über eine sogenannte Ruheversicherung reden. Bei stark vermindertem Beitragssatz ist der Wagen gegen Diebstahl, Brand, Hagel und Sturmschäden versichert, sofern das Mobil auf einem umfriedeten Raum untergebracht ist. Offene Straße gilt nicht, es muss ein Zaun vorhanden sein, besser ist eine abschließbare Garage, die natürlich 70 bis 120 Mark monatlich Miete kostet.
Alternativ kann man unter guten Freunden seinen alten Golf auch gegen Bares untervermieten. Verursacht dieser gute Freund dann einen selbstverschuldeten Unfall,

oder verschrammt bei einem missratenen Einparkmanöver die ganze Seitenfläche, muss die von Ihnen abgeschlossene Vollkasko-Versicherung für den Schaden aufkommen. Die Rückstufung in der Schadensklasse ist die Kehrseite der Medaille. Unser Rat: Ersparen Sie sich eventuelle Streitereien mit Ihrem besten Freund und verkaufen Sie den alten Schlitten. Höherwertige Fahrzeuge würde ich aus Anhänglichkeit fachgerecht in einer Garage mit Storage-Öl versorgen und aufbocken. Obwohl das Auto während der Abwesenheit meist an Wert verliert, freut man sich auf das gute Stück bei der Rückkehr. So ist der Mensch! Gefühle überwiegen gegenüber der Vernunft.

Problemfall Lebensversicherung

Ein Fass ohne Boden?

»Lebensversicherungen sind nützlich fürs Alter, aber »ruinieren« die schönsten Pläne für das Aussteigen auf Zeit.« So etwa sehen es jährlich viele junge Leute, die wohl die Notwendigkeit einer kapitalbildenden Lebensversicherung einsehen, sich andererseits von den stattlichen Prämien geknebelt sehen. Bevor man nun den Vertrag mit der Versicherung einfach aufkündigt, sollte man sich der Folgen bewusst sein. Das einbezahlte Kapital bleibt in den ersten fünf bis zehn Jahren fast vollständig beim Versicherer. Ein ganz schlechtes Geschäft für den Kunden. Als Alternative bieten sich Stundungen bzw. ein Ruhenlassen der laufenden Beiträge an.

Die meisten Versicherer lassen eine sechs bis 12-monatige Stundung zu. Im Gegenzug verringert sich die spätere Gesamtsumme allerdings ganz erheblich, weil die sonstigen Leistungen trotzdem aufrecht erhalten werden. Beispiel Todesfall-Risiko: Jede kapitalbildende Lebensversicherung besteht aus zwei Komponenten. Erstens: Das Risiko mit Todesfolge etc. abdecken. Dieser Schutz bleibt auch bei Ruhezeiten erhalten. Zweitens: Kapital bilden. In Punkt zwei muss die Versicherung ohne zusätzliche neue Prämienzahlungen in ihrem Investment draufzahlen, deshalb holt sie sich das Geld bei der Endabrechnung in z. B. 30 Jahren zurück. Die Versicherungen zeigen sich also kulant in der vorübergehenden Stundung der Prämien, aber knallhart bei der Endabrechung im Ruhestandsalter von 60 oder 65 Jahren. Man sollte sich die Folgen einer Stundung über sechs bis 12 Monate ausrechnen lassen, dann kommt man meist zum Schluss, dass sich eine vorübergehende Stundung der Beiträge nicht lohnt.

Was passiert, wenn man die Beiträge zur Lebensversicherung einfach niedriger ansetzen lässt, damit man sich einen längeren Urlaub leisten kann? Auch auf diesen Vorschlag sind die Gesellschaften vorbereitet. Man will den Kunden behalten und schließt einen neuen Vertrag mit günstigeren Prämien ab. Der Nachteil zeigt sich dann wieder in der Endsumme. Die Endsumme fällt deutlich niedriger aus, weil die Versicherung mit den höheren Erstprämien gerechnet hat und nun den Außendienstmitarbeiter etc., gerechnet auf 30 Jahre Prämien, zu hoch entlohnt hatte. Den Differenzbetrag zwischen hohen und niedrigeren Prämien bekommt der Kunde bei der Endabrechnung voll zu spüren. Zusätzlichen Ärger kann es am Schluss der Geschäftsbeziehung geben. Ist die Laufzeit kürzer als 12 Jahre, verlangt das Finanzamt die volle Besteuerung der Endsumme. Bislang sind kapitalbildende Lebensversicherungen mit einer Laufzeit von über 12 Jahren steuerfrei. Weil jede Änderung in den Beitragszahlungen einen neuen Vertrag voraussetzt, betrachtet das Finanzamt den reduzierten Vertrag als neuen Vertrag. Damit beginnt wieder die Laufzeit von mindestens 12 Jahren, um die Steuerfreiheit in Anspruch nehmen zu können.

Wer scharf rechnet, schließt für seine Angehörigen eine Risiko-Lebensversicherung zu günstigen Prämien ab und sammelt das übrige Kapital über andere, weniger restriktive und flexiblere Anlageformen wie Investmentfonds, festverzinsliche Wertpapiere oder über Aktien- und Immobilienbesitz an. Das ist zumindest die Meinung des Autors.

Jetzt lebe ich vom Ersparten

Was gibt es Schöneres, als von den Zinsen zu leben? Als Aussteiger auf Zeit oder für immer ist diese Vorstellung der Schlüssel zum Paradies auf Erden. Leider sind die Traumrenditen von 100 % meist nur ein Geschäft für unseriöse Anlageberater, die der Kundschaft das Fell über die Ohren ziehen. Wer sich mit 6 % Zinsen auf festverzinsliche Wertpapiere begnügt, kann beruhigt in seiner Hängematte auf Union Island den Stern des Südens bewundern. Nur, reichen die mageren Zinsen in einem teuren Land?

Die wirklich erfolgreichen Langzeit-Aussteiger kümmern sich intensiv um die Rendite ihres ersparten Geldes. Kaum einer verzichtet auf ein Dollarkonto in der Heimat, weil der Greenback immer noch die Weltwährung Nummer Eins ist und bei festverzinslichen Papieren die bessere Rendite gegenüber DM-Anleihen plus eventueller Währungsgewinne in den letzten zehn Jahren erbrachte. Wer auf seinen Reisen Dollars benötigt, erspart sich mit einem Dollarkonto die teuren Umrechnungsgebühren bei seiner deutschen Bank. Selbst gebührenfreie Dollarkonten sind bei unserer Hausbank verhandelbar. Rutscht der Dollar gegenüber der DM oder dem Euro etwas im Wert ab, werden Dollars dazugekauft. Die Währungsspanne von 1,52 DM bis 1,96 DM zur D-Mark zeigt die Renditechancen, mit denen Anleger in den letzten fünf Jahren rechnen konnten. Dazu musste man sich allerdings entgegen der von Politik und Bankhäusern angepriesenen Euro-Propaganda abkoppeln. Der EURO sollte so stabil wie die DM werden. In Wirklichkeit verlor der EURO gegenüber dem Dollar in den letzten zwei Jahren bis zu 25 % an Wert. Da wird das Aussteiger-Leben auf D-Mark-Basis spürbar teurer. Machen Sie sich selbst ein Bild von der Stärke oder Schwäche unserer DM im Vergleich zu den Landeswährungen der wichtigsten Langzeit-Urlauber-Länder. Was hat sich bis heute verändert? In der Wirtschaftszeitung *Handelsblatt* finden Sie die neuesten Devisenkurse im Vergleich zu dieser Aufstellung aus der Fachzeitschrift

Reise & Preise vom September 1999.

Wie sicher ist mein erspartes Geld bei einer kleinen Provinzbank auf Grenada? Keine leichte Frage. In den USA melden Jahr für Jahr über 100 Provinzbanken Zahlungsunfähigkeit an. Wer auf Nummer Sicher gehen will, vertraut nur einen kleiner Teil seiner Ersparnisse einer lokalen Bank im Ausland an, die einer internationalen Großbank, wie der englischen Barclays Bank, angeschlossen ist. Auf keinen Fall sollte man sein Girokonto in der Heimat auflösen, denn der Geldtransfer sollte über die Heimatbank ablaufen. Zwei bis drei Monatsgehälter sollten auf der ausländischen Bank geparkt werden, der Rest der Ersparnisse ist in Deutschland besser aufgehoben, obwohl die Guthabenzinsen in Schwachwährungs-Ländern schon verlockend sind. Dennoch gilt für meine Ersparnisse der alte Bankgrundsatz: Je höher die Guthaben-Zinsen, desto riskanter ist das Geschäft. Die Geldentwertung kann locker die höheren Zinsen eliminieren.

Bei Überweisungen von der Heimat ins Ausland muss teilweise mit erheblichen Gebühren gerechnet werden. Selbst Rentenzahlungen sind vor dem Zugriff ausländischer Steuerbehörden nicht sicher. Wer als deutscher Rentner im Ausland ständig lebt, wird von einigen skandinavischen Ländern mit einem bis zu 50 prozentigen Steuersatz belegt. Statt 3000 Mark Rente werden in Dänemark nur 1500 DM von der dänischen Bank ausbezahlt, weil der deutsche Rentner in Dänemark einen ständigen Wohnsitz hat – ein echter Hammer. Weil deutsche Politiker ernsthaft über die Kapitalflucht innerhalb der EU und auch außerhalb nachdenken, könnten Geldüberweisungen oder auch Rentenzahlungen ins Ausland zukünftig mit einem Abschlag im Stil der 20-prozentigen Quellen-Steuer belegt werden. In diesem Punkt zeigte sich wieder der Vorteil eines deutschen Girokontos, obwohl man eventuell für die nächsten Jahre in der Fremde weilt. Rechtlich gesehen befindet man sich da nämlich im Urlaub.

Wie verhält man sich als Langzeit-Segler preisbewusst in dollarabhängigen Ländern? Mal sinkt der Dollar auf 1,52 DM, dann wieder steigt er auf fast 2,00 DM an. Viele einstmals begeisterte Amerika-Urlauber meiden heute dollarabhängige Länder. Das muss nicht sein, wie der Autor aus vielen Amerika-Reisen weiss. Nach unserer Erfah-

Devisenkurse aus aller Welt

Ägypten	Ägypt. Pfund	1 EGP = DM 0,53
Ägypten	Ägypt. Pfund	1 EGP = DM 0,549
Argentinien	Argent. Peso	1 ARS = DM 1,881
Aruba	Aruba-Florin	1 AWG = DM 1,063
Australien	Australischer Dollar	1 AUD = DM 1,239
Barbados	Barbados-Dollar	1 BBD = DM 0,950
Belize	Belize-Dollar	1 BZD = DM 0,950
Bolivien	Boliviano	1 BOB = DM 0,327
Botswana	Pula	1 BWP = DM 0,406
Brasilien	Real	1 BRL = DM 1,047
Chile	Chil. Peso	100 CLP = DM 0,363
China	Renminbi-Yuan	1 CNY = DM 0,227
Costa Rica	Costa-Rica-Colón	100 CRC = DM 0,661
Dom. Rep.	Domin. Peso	1 DOP = DM 0,119
Ecuador	Sucre	1000 ECS = DM 0,162
Elfenbeinküste	CFA-Franc	100 XAF = DM 0,300
Fidschi	Fidschi-Dollar	1 FJD = DM 0,951
Gambia	Dalasi	1 GMD = DM 0,162
Großbritannien	Brit. Pfund	1 GBP = DM 2,977
Guatemala	Quetzal	1 GTQ = DM 0,257
Honduras	Lempira	1 HNL = DM 0,132
Hongkong	Hongkong-Dollar	1 HKD = DM 0,242
Indien	Rupie	100 INR = DM 4,337
Indonesen	Rupiah	1000 IDR = DM 0,273
Jamaika	Jamaika-Dollar	100 JMD = DM 5,029
Japan	Yen	100 JPY = DM 1,552
Kambodscha	Riel	1000 KHR = DM 0,496
Kanada	Kan.Dollar	1 CAD = DM 1,283
Kenia	Kenia-Schilling	100 KES = DM 2,578
Kolumbien	Kolumb.Peso	100 COP = DM 0,108
Kuba	Kuban. Peso	100 CUP = DM 8,178
Laos	Kip	1000 LAK = DM 0,440
Madagaskar	Madagaskar-Franc	1000 MGF = DM 0,284
Malaysia	Ringgit	1 MYR = DM 0,495
Malediven	Rufiyaa	1 MVR = DM 0,165
Malta	Malt. Lire	1 MTL = DM 4,586
Marokko	Marok. Dirham	1 MAD = DM 0,188
Mauritius	Mauritius-Rupie	100 MUR = DM 7,467
Mexiko	Mexik. Peso	1 MXP = DM 0,198
Namibia	Namib. Dollar	1 NAD = DM 0,310
Nepal	Nepal. Rupie	100 NPR = DM 2,753
Neuseland	Neuseel. Dollar	1 NZD = DM 1,006
NL-Antillen	NL-Antillen-Gulden	1 ANG = DM 1,057
Peru	Sol	1 PEN = DM 0,564
Philippinen	Philipp. Peso	100 PHP = DM 4,953
Puerto Rico	US-Dollar	1 USD = DM 1,881
Senegal	CFA-Franc	100 XAF = DM 0,300
Seychellen	Seychellen-Rupie	1 SCR = DM 0,351
Simbabwe	Simbabwe-Dollar	100 ZWD = DM 4,950
Singapur	Singapur-Dollar	1 SGD = DM 1,104
Sri Lanka	Sri-Lanka-Rupie	100 LKR = DM 2,627
Südafrika	Rand	1 ZAR = DM 0,310
Südkorea	Won	100 KRW = DM 0,163
Taiwan	Taiwan. Dollar	100 TWD = DM 5,804
Tansania	Tansania-Schilling	100 TZS = DM 0,259
Thailand	Baht	100 THB = DM 5,122
Tonga	Pa'anga	1 TOP = DM 1,248
Trinidad & Tobago	Trin.&Tob.-Dollar	1 TTD = DM 0,300
Tunesien	Tunes. Dinar	1 TND = DM 1,543
Türkei	Türk. Lire	100.000 TRL = DM 0,451
USA	US Dollar	1 USD = DM 1,881
VAE	Dirham	1 AED = DM 0,512
Venezuela	Bolivar	100 VEB = DM 0,310
Vietnam	Dong	1000 VND = DM 0,135
Westsamoa	Tala	1 WST = DM 0,623
Zypern	Zypern-Pfund	1 CYP = DM 3,357

Die Angaben erfolgen ohne Gewähr (Stand 30.6.99). Multiplikatoren für Schweiz und Österreich: DM-Betrag x 0,82 = Betrag in Schweizer Franken, DM-Betrag x 7 = Betrag in Österreichischen Schillingen

Wechselkurse

9.12.99 **Euro-Währungen** (An- und Verkauf)

	Devisen		Bargeld		
	1 Euro entspricht		(in DM)		
Belgien/Lux.	40,3399	bfr	100	bfr	4,85
Finnland	5,9457	Fmk	100	Fmk	32,89
Frankreich	6,5596	FF	100	FF	29,82
Irland	0,7876	ir. £	1	ir. £	2,48
Italien	1936,2700	Lire	1000	Lire	1,01
Niederlande	2,2037	hfl	100	hfl	88,75
Österreich	13,7603	öS	100	öS	14,21
Portugal	200,4820	Esc	100	Esc	0,98
Spanien	166,3860	Ptas	100	Ptas	1,18

Weitere Währungen:

	1 Euro entspricht		Bargeld			
	Ank.	Verk.	in DM:		Ank	Verk.
USA	1,0201	1,0261	1	$	1,85	2,00
Dänemark	7,4183	7,4583	100	dKr	25,08	27,52
Kanada	1,5043	1,5163	1	Can. $	1,21	1,38
Großbritannien	0,6281	0,6321	1	brit. £	2,97	3,21
Norwegen	8,0983	8,1463	100	nKr	22,27	25,52
Schweiz	1,5992	1,6032	100	sfrs	120,19	124,79
Schweden	8,5333	8,5813	100	sKr	21,09	23,99
Japan	104,6900	105,1700	100	Yen	1,80	1,98
Australien	1,5950	1,6150	1	A-$	1,13	1,32
Griechenland	325,3500	331,3500	100	Dr.	0,53	0,68
Tschech. Rep.	35,7400	36,5400	100	Kr.	4,92	5,80
Neuseeland	2,0010	2,0250	1	NZ-$	0,87	1,08
Türkei	524912,0000	531912,0000	1000	T-Lira	0,00	0,01
Hongkong	7,9135	8,0135	100	HK-$	20,96	27,51
Indien	43,7000	45,3000	100	Rupien	2,71	5,70
Israel	4,2858	4,3858	100	Shekel	36,90	61,12
Südafrika	6,1800	6,4200	1	Rand	0,21	0,39
Marokko	10,1700	10,2500	100	Dirham	16,59	21,40
Singapur	1,7140	1,7260	100	S-$	101,60	124,18
Thailand	38,7000	40,3000	100	Bahts	4,06	5,89
Tunesien	1,2545	1,2745		T-Dinar	1,20	2,00
Ungarn	252,2000	257,4000	100	Forint	0,62	0,88
Kroatien	7,5645	7,7245	100	HRK	20,13	28,56

Euro in DM	**1,95583**	
Euro in Dollar	**1,0231**	**1,0231 (Vortag)**
Dollar in DM	**1,9117**	**1,9117 (Vortag)**

Daten von der Landesbank Baden-Württemberg (Euro FX/Freiverkehr)

Die heimischen Landesbanken handeln derzeit mit über 75 Währungen, die in der linken Spalte vom 30. 6. 99 gezeigt werden. Die rechte kurze Spalte zeigt die Veränderungen der wichtigsten Währungen mit dem Stand vom 9. 12. 99 an. Unterm Strich gesehen hat der Euro kräftig an Wert gegenüber dem US-Dollar verloren, obwohl unsere Politiker den Euro als starke Währung hochgelobt hatten. Die Realität sieht leider anders aus.

rung lässt es sich in den USA als Langzeit-Urlauber oder Aussteiger ums Jahr 2000 immer noch recht preiswert leben, wenn man die Rechnung nicht nur an den Übernachtungs- und Restaurant-Kosten misst. Die Grundnahrungsmittel sind an der Ost- und Westküste im Schnitt um gut 15 % preiswerter als in Deutschland. Treibstoff fürs Boot oder den Mietwagen kostet kaum ein Drittel zu unseren exorbitant hohen Preisen. Wer die Prämienrechnungen deutscher und amerikanischer Autoversicherer vergleicht, wundert sich, warum wir in Deutschland so viel Geld für die gleiche Leistung bezahlen müssen. Nicht zuletzt sind Kleider, Werkzeuge, Häuser, Wohnungen, Energiekosten und alle öffentlichen Verkehrsmittel fast nur halb so teuer wie in Deutschland. Diese niedrigen Lebenshaltungskosten sehen die meisten Amerika-Urlauber nicht, weil sie nur ihre teuren Motel- und Restaurant-Rechnungen sehen. Die Lebenshaltungskosten sind im warmen Florida natürlich eindeutig günstiger für Aussteiger als im teuren New York, wo das Thermometer im Winter auf 25 Grad Minus sinken kann.

Olaf Werner lebt seit sieben Jahren mit Unterbrechungen auf seinem 32 Fuß langen Segelboot in den Keys und Waterways von Florida: »Das meiste Geld gebe ich für unnütze Dinge aus. Besuch in noblen Restaurants, den neuesten Freizeitparks, lange Sightseeing-Flüge per Hubschrauber und dergleichen. Die Lebensmittel sind Erste Klasse und viel preiswerter als in Old Germany. Ersatzteile fürs Schiff sind deutlich marktgerechter als in Deutschland. Elektronischen Krimskrams bekommt man zu Ausverkaufspreisen am Ende der Saison. Ankerketten, Leinen, Fender, alles ist vielleicht nicht ganz so hochwertig wie in Deutschland, aber voll ausreichend für mich. Teuer sind die Liegeplatzkosten in den bekannten stadtnahen Marinas, wo es vom Strom über den TV-Kabelanschluß bis zur Fäkalienentsorgung alles gibt. Selbst mobile Aircondition-Anlagen können angemietet werden und der Waschsalon gehört zu jeder amerikanischen Marina. Die kleineren privaten Marinas sind preiswerte Schlupflöcher, manchmal auch für ziemlich kriminelle Gestalten, die auf einem Wrack wohnen. Es kommt einfach darauf an, dass man flexibel ist und den Ankerplatz wechselt, sobald einem die Nachbarschaft an den Nerv geht. Rechne

Das passende Segelrevier entscheidet über den »inneren Wert« der Bordkasse. An der französischen Atlantikküste (hier der Tidenhafen von St. Martin) ist das Preisniveau für Schiff und Essen kaum halb so hoch, wie an der französischen Riviera am Mittelmeer.

ich alles zusammen, lebt es sich im angeblich so teuren Urlauber-Paradies Florida günstiger als in München und auf den meisten Karibik-Inseln, wo einem die Coconuts und Bananen angeblich in den Schoss fallen. Natürlich lässt es sich in einem bayrischen Hinterwäldlerdorf an der tschechischen Grenze noch sparsamer leben. Aber dann bei Kartoffeln und Bratwurst.«
Was lernt man daraus? Das Land unserer Aussteiger-Träume will sorgfältig ausgesucht sein. Die sich ständig ändernden Währungsparitäten sind ein nicht immer kalkulierbarer Unsicherheitsfaktor in unseren Planungen. Dennoch lebt es sich in allen »Dritte-Welt-Ländern« eindeutig günstiger als in Deutschland, Österreich oder gar der Schweiz. Wer bei den Lebenshaltungs- und Bootskosten 50 % gegenüber deutschen Preisen auf Dauer gesehen einsparen kann, erwirtschaftet eine 50-prozentige Rendite seiner Ersparnisse! Als wir vor zwei Jahren an der Küste von Südamerika entlang segelten, kam uns das Preisgefüge Brasiliens extrem günstig vor. Für umgerechnet 7 DM konnten zwei hungrige Schwaben ausgiebig in einem gemütlichen Hafenrestaurant essen gehen. Zwei Jahre später (Ende 1999) lag das Preisniveau schon fast auf deutschem Level. Im Nachbarland Venezuela kann man heute

noch für ein paar Mark zu Abend essen. Die Übernachtung kostet in der absolut sehenswerten Andenregion von Merida in einfachen, aber sauberen Pensionen knapp zehn Mark für zwei Personen. Venezuela, Nicaragua und Honduras sind von den Lebenshaltungskosten her einfach ideal für einen längeren Aufenthalt, sofern man die landesüblichen Gepflogenheiten kleiner Gauner pariert.

Über die asiatischen Aussteiger-Reiseziele gibt es widersprüchliche Ansichten. Die einen schwärmen von spottbilligen Restaurantessen, die anderen rühren diese Speisen nicht an, weil sie schwerste gesundheitliche Risiken befürchten.

Für solche »Aussteiger« kommt nur Bratwurst mit Kraut auf Mallorca in Frage. Im deutschen Aussteigerparadies auf Phuket/Thailand gibt es schon deutsche Metzgereien und Bäckereien. Mallorca-Verhältnisse in Asien?

Bald ist es soweit, denn die Ferienflieger werden immer preiswerter, wie das nächste Kapitel zeigt. Davon profitieren auch Langzeit-Segler, die auf ihrer Weltumseglung einen mehrmonatigen Stopp auf Australien oder Neuseeland einbauen und nach Hause fliegen. Mit neuem Schwung und hoffentlich auch neu gefüllter Bordkasse geht's dann zurück zum Schiff. Das nächste Abenteuer wartet schon.

Sinnvolle Investition – Schnupperflug ins künftige Traumrevier

Wohin soll die Weltreise gehen, nach Neuseeland, Australien oder zu den Antillen? Organisatorisch alles kein Problem. Die Mentalität der Einheimischen wird in zahlreichen Reiseführern umfassend geschildert. Als Aussteiger auf Zeit wird man sich dort bestimmt zurechtfinden. Ob ich mit den Bewohnern von Honduras, Nicaragua oder Kolumbien auf Monate hin auskomme, lässt sich nicht so einfach beantworten, man muss es selbst ausprobieren. Hängt dann noch das eigene mühsam ersparte Schiff mit an der Leine, kompliziert sich unser zukünftiges Traumrevier.
So einfach mit dem Rücksack ins nächste Flugzeug setzen und weiterreisen geht da nicht. Man sitzt wie festgenagelt in der malerischen Ankerbucht fest und die Diebe an Land warten nur darauf, dass ich mein Boot für ein paar Tage verlasse.
Wie ich mich als Ausländer in einem fremden exotischen Land fühle, hängt von den eigenen positiven und negativen Erfahrungen ab. Für einen ungebundenen Rucksackreisenden gehört nicht allzu viel Mut dazu, mit dem Überlandbus quer durch Brasilien zu reisen. Er ist vogelfrei und kann ganz nach Gusto das Revier wechseln, ohne »Klotz am Bein«. Die Leute sind freundlich, weit weniger hektisch als erwartet und letztlich findet man immer ein Dach über den Kopf für die Nacht und einen Imbissstand, wenn der Hunger nagt. Ganz anders stellt sich Brasilien für den Langzeitsegler dar. Hier zeigt der Seeführer über 900 tropische Inseln vor der feinsandigen Atlantikküste und verschweigt die gigantische Umweltverschmutzung der Ankerplätze um die 10-Millionen-Metropole Rio de Janeiro oder vor São Paulo. Eine einzige Kloake. Die reichen Brasilianer haben längst ihre Yachten zu den weiter außen liegenden sauberen Inseln verlegt. Enorme soziale Unterschiede zwischen reichen und armen Brasilia-

nern schocken nicht nur zartbesaitete mitteleuropäische Gemüter. Als friedfertiger Langzeit-Segler fühlt man sich hier und an anderen bedeutenden Segelzentren vielleicht fehl am Platz. »Warum zum Teufel musste es ausgerechnet Rio sein? Weshalb bin ich eigentlich nach Casablanca gesegelt? Kann mir jemand erklären, warum ich unbedingt nach Mombassa segeln wollte?« Hinterher hat noch jede lange Segelreise zu exotischen Häfen phantastische Erlebnisse gebracht. Zwischendurch, möchte der Autor freimütig bekennen, waren diese und andere Fahrten oft purer Stress, der absolut unnötig ist, weil es einfach Länder gibt wo Yachties unerwünscht sind. Man lernt daraus.

Heute schaue ich mir nach Möglichkeit vorab für ein paar Wochen Land und Leute per Bus oder Mietwagen an und klopfe dabei die wichtigsten Anlaufhäfen ab. Mit diesen Eindrücken formt sich dann ein Bild aus der Sicht des Seglers. Die Flugtickets waren gut angelegtes Geld. Sowohl Brasilien, ohne die verdreckte Marina von Rio, wie auch Venezuela und die phantastisch schönen Küsten von Nicaragua, Puerto Rico und Honduras sind für mich heute erstrebenswerte Segelreviere abseits der üblichen Routen. Wie sich der Mensch in seinen Ansichten so ändert. Vor einigen Jahren fielen die mittelamerikanischen Staaten bei mir voll durch und nur die Karibischen

Südafrika wird für europäische Segler interessant. Zahlreiche neue Marinas enstanden an der Garden Route. Hier die Marina in der Lagune von Knysna bei George. Ein riesiges Naturschutzgebiet kann nun von hochseetauglichen Yachten gefahrlos angelaufen werden.

Nur wenige Seemeilen von Kapstadt entfernt entstand in der Hout Bay eine neue Marina, die alle Servicearbeiten für Langzeitsegler und Chartergäste bietet.

Inseln zogen mich stark an. Heute halte ich die obigen Länder für weit interessanter als die meist ziemlich »überlaufenen« und überteuerten Karibischen Inseln. Hin und wieder sollte man seine eigenen Ansichten einfach neu überprüfen. So eine vorgezogene Ortsbesichtigung nimmt natürlich einigen Reiz an der Planung neuer Reiseziele. Der Sprung ins kalte Wasser fällt weg. Andererseits mindert es den Stress, wenn man allein oder zu zweit dort für Monate unterwegs sein wird, obwohl die angeblich so besser geeigneten Reviere nur ein paar hundert Seemeilen davon entfernt liegen.

Im Einklang mit veränderten politischen Verhältnissen ändern sich auch die Verhältnisse für uns Segler und Reisende. Am Beispiel von Südafrika lässt sich das nachvollziehen. Mit dem Ende der Apartheid gelang es Südafrika unter der Führung von Nelson Mandela, Millionen ausländischer Touristen in dieses extrem abwechslungsreiche und schöne Land »zu locken«. Viele neue, prächtig gelegene Hotels und Ferienanlagen entstanden an der Garden Route zwischen Kapstadt und Port Elizabeth. Gleichzeitig wurden dort zahlreiche ältere Fischereihäfen in moderne Marinas umgebaut. Seichte Lagunen wurden ausgebaggert und damit für tiefgehende Yachten geöffnet. Ein wahrer Segen für Weltumsegler, die von Mauritius kommend in Richtung Kap der Guten Hoffnung segeln. Bestes Beispiel dafür ist die landschaftlich besonders attraktive Bucht von Knysna bei George. Hier entstand 1998 eine Supermarina, die Platz und die nötige Wassertiefe für 65 Fuß lange Rennyachten bietet. Bislang war diese oft stürmische Ecke ein ziemlicher Horror für Segler, die von Durban nach Kapstadt unterwegs waren. Zudem wurden zwischen Durban und Kapstadt zahlreiche ältere kommerzielle Hafenanlagen, wie die Hout Bay Marina, stark modernisiert und yachttauglich gemacht. Dann erhielt Kapstadt zwei nagelneue Marinas mit allen Versorgungseinrichtungen. Lesen wir nun in den bisherigen Seeführern und Reisebeschreibungen die Liegeplatzsituation für Yachten in Kapstadt nach. Dort steht: »Wir lagen eingeklemmt zwischen rostigen japanischen Walfängern im ekelerregend schmutzigen Hafenbecken. Unser Deck war von Kohlestaub und Schmutz überdeckt..« Diese Reiseschilderung war 1936 bestimmt nicht übertrieben. Heute, rund 15 Jahre später, ist der kommerzielle Hafen mit seinem luxuriösen Einkaufszentrum so sauber, dass sich auch Robben im Hafenbecken wohlfühlen. Die Großschifffahrt arbeitet in einem eigenen Terminal-Hafen weit außerhalb von Fisherman's Wharf und unsere Yachten liegen nun in der neuen Marina oder in der Hout Bay, die einen direkten S-Bahn-Anschluss in die City hat. Damit ist die Region um Kapstadt heute ein idealer Knotenpunkt für Langzeitsegler und auch für Chartergäste, die dort eine »urlaubstaugliche« Infrastruktur vorfinden. Der schwache südafrikanische Rand erleichtert zudem die Reise ins südliche Afrika. So schnell können sich die Verhältnisse auch beim Langzeitsegeln grundlegend ändern. Mit dem Schnupperticket in der Tasche blickt man durch und vermeidet krasse Fehlentscheidungen in jeder Hinsicht.

Erfahrungen eines Langzeit-Aussteigers

Zehn Jahre nur auf Achse

Mit seinen 35 Jahren hat Peter D. in den letzten zehn Jahren mehr von der Welt gesehen, als die meisten seiner Mitmenschen in einem ganzen Leben. Mit 21 Jahren entschied er sich, nicht in die mittelständische Firma seiner Familie einzusteigen und packte seinen Rucksack, das Ziel klar vor Augen: Der ultimative Asientrip. Ohne Zeitlimit, just for fun. Natürlich war die Familie entsetzt, ein klarer Fall von schwarzem Schaf. »Meine Mutter bezahlte mir aus eigener Kasse den Mindestbeitrag zur Rentenversicherung und gab mir den Rat, mich bei der AOK solange weiter zu versichern, wie es eben ging. Das war damals ein Jahr. Nimmt man es genau, war ich von den zehn Jahren, die ich im Ausland auf Achse war, neun Jahre lang völlig unversichert. Bei schweren gesundheitlichen Problemen wäre ich mit dem nächsten Flugzeug nach Deutschland geflogen und hätte mich bei einem Freund als Mitarbeiter seiner Firma angemeldet. Dann wäre ich automatisch wieder bei der AOK versichert gewesen und die hätte dann die Krankenkosten bezahlen müssen. So simpel lässt sich das staatliche Gesundheitssystem aushebeln, wenn man die Gesetze kennt.« Ganz ohne Gewissensbisse hebelte Peter D. auch das Finanzamt aus. »Wozu sollte ich schlafende Hunde wecken. Ich meldete mich bei meinem bisherigen Wohnort ab und zog pro forma in eine neue Wohnung bei einem Freund ein. Entscheidend war, ein anderes zuständiges Finanzamt zu haben. Natürlich forderte das bisherige Finanzamt meine Steuerunterlagen bei der alten Adresse an. Klarer Fall von Schuss in den Ofen, der mir einen satten Vorsprung gab. Dann folgten Mahnungen an meine neue Adresse, aber letztlich war ich immer auf Reisen und damit unauffindbar. Nach drei Jahren beruhigte sich die Bürokratie und verschonte meinen Freund vor Nachstellungen der Behörden. Als ich nach zehn

Jahren nach Deutschland zurückkehrte, waren sämtliche Forderungen des Finanzamts und anderer Leute, bei denen ich einige Schulden hatte, längst verjährt. Sie hatten es einfach unterlassen, ein Versäumnisurteil durchzupauken. Wer für längere Zeit aussteigen möchte, kann ganz klar mit einer gewissen Trägheit der Bürokratie rechnen, dann klappt die Sache. Übrigens gab es nie irgendwelche Schwierigkeiten mit Passverlängerungen im Ausland. Die deutschen Botschaften fühlen sich nicht für kleine deutsche Steuersünder verantwortlich. Die Rückkehr nach Deutschland war genauso locker, wie die Abreise. Ich war einfach wieder da und nahm einen festen Job bei meinem Freund an. Damit war ich wieder zwangsweise renten- und krankenversichert, und alles lief weiter wie vor zehn Jahren, als sei nichts geschehen«. Bei genauerem Nachfragen kam heraus, dass es in seiner Zeit als Aussteiger allerdings auch gröbere »Zwischenfälle« gab. So saß Peter D. auch schon in China im Gefängnis, weil er ohne Visum die Grenze passiert hatte. Von den australischen Behörden wurde er ausgewiesen, weil er illegal gearbeitet hatte. Auch die neuseeländischen Behörden verlangten nach wenigen Monaten die sofortige Ausreise, weil er ohne Arbeitserlaubnis gejobbt hatte. Fast zwei Jahre lang verdiente Peter D. mit deutschen Touristen ein vermeintlich sattes Geld mit Motorradtouren rund um Bali. Dann gab es Ärger mit den indonesischen Behörden. Unter dem Strich gesehen rechnete sich der Motorradverleih nicht, weil Peter über Nacht ohne seine Mopeds Bali verlassen musste. Peter D.: »Ich hatte eine Menge guter Ideen für interessante Geschäfte, die mir viel Spaß machten. Aber letztlich sitzt man als nicht willkommener Ausländer doch am kürzeren Hebel, der sich auch mit Bakschisch nicht auf Dauer ausgleichen lässt.« Was hat der zehnjährige Ausstieg für ihn selbst gebracht? War es Zeitverschwendung, oder ein Gewinn für die eigene Persönlichkeit? Peter D.: »Es waren ganz klar die besten Jahre meines Lebens. Andere würden sagen, es war eine beschissene Zeit. Der eine braucht ein sauberes Hotelzimmer mit Dusche, der andere fühlt sich auf einer Pritsche wohl und stört sich nicht an Ratten und anderem Getier. Was zählt, sind die persönlichen Erlebnisse mit freundlichen Menschen aus einem völlig anderen Kulturkreis. Man verändert sich einfach im Laufe der Jahre. Man denkt positiver und freut sich am Leben. Morgens, wenn ich aufwache und die Sonne scheint, weiß ich, dass sich arbeiten lohnt, weil man damit die Möglichkeit erhält, wieder den Rucksack zu packen. Bei mir ändert sich die Interessenslage ständig. Früher zog es mich immer ans Meer, heute fühle ich mich als angefressener Bergsteiger und Gleitschirmflieger erst über 5000 Meter so richtig wohl, obwohl ich mir ernsthaft überlege, mit dem Segelboot für ein paar Jahre auszusteigen.«

Für den Autor ist Peter D. ein typischer Langzeit-Aussteiger, der sich überall auf der Welt zurechtfindet, nur nicht unbedingt in Deutschland. Seine grenzenlose Reiselust und ein ausgeprägter Egoismus, mit der er die Nerven seiner Mitmenschen strapaziert, führen zwangsläufig zu Konfrontationen mit Behörden und »seinen Lieben«.

Peter D.: »Viele Jahre lang kam ich mit meiner Verwandtschaft und meinem Vater extrem schlecht zurecht. Heute ist mein Vater im selbst verordneten Ruhestand, und tourt mit meiner Mutter monatelang im kargen VW-Bus durch Europa, obwohl er sich finanziell gesehen einen Luxusdampfer leisten könnte. Jetzt im Alter komme ich ganz hervorragend mit ihm und meiner Mutter zurecht. Neulich meinte mein Vater, dass ich vielleicht doch die richtige Entscheidung durchgesetzt hätte, als ich im Krach für zehn Jahre einfach alles hinter mir ließ. Das tut wahnsinnig gut, denn jeder ist nur für sich selbst verantwortlich.«

Urlaubsregelungen für Arbeitslose

Das Amt und seine Pappenheimer

Arbeitslos und Urlaub, verträgt sich das? Wie sieht die gesetzliche Reglung aus? »Mit dem behördlichen Segen des Arbeitsamts dürfen Arbeitslose für maximal drei Wochen am Stück in den Urlaub fahren«, erläutert der Sachbearbeiter die derzeit gültige Vorschrift. Reise buchen und dann losjetten? So einfach ist die Urlaubsregelung nicht. Das Arbeitsamt muss »den Urlaub gewähren«, sprich, damit einverstanden sein, dass der Arbeitslose in dieser Zeit wohl nicht vermittelbar ist. Während der ersten drei Monaten der Arbeitslosigkeit

Freifahrt ohne Ticket: Ganz legal in Rio de Janeiro. Trittbrettfahrer sind dort wohlgelittene Fahrgäste.

zeigt sich das Arbeitsamt oft restriktiv, weil in diesem Zeitraum die Chancen für einen neuen Job gut sind. Was passiert, wenn die Fernreise nach Neuseeland schon vor der Arbeitslosigkeit gebucht wurde? Mit dem stichhaltigen Argument von teuren Stornogebühren bei der »vorschnell« gebuchten Fernreise ist es beim Arbeitsamt nicht getan. Weder die Reise-Rücktrittsversicherung noch das Arbeitsamt kommt für Stornogebühren der Reiseveranstalter auf. Wer nun einfach nach Absprache mit dem Arbeitsamt die Koffer packt, und für vier Wochen nach Neuseeland abdüst, erhält nur für drei Wochen Arbeitslosengeld ausbezahlt, sofern es der Sachbearbeiter merkt. Wer über sechs Wochen lang ohne den behördlichen Segen auf Achse ist, bekommt für die ganzen sechs Wochen kein Geld ausbezahlt. Bei älteren Arbeitslosen wird bis zu einem Vierteljahr Abwesenheit schon einmal ein Auge zugedrückt, für leichter vermittelbare Jugendliche wird es eng mit dem Traumurlaub auf Mallorca. Das Arbeitsamt will in der Regel eine Rückrufmöglichkeit – auch am Urlaubsort – damit der Arbeitslose zwecks Jobvermittlung erreichbar ist. Für die Arbeitsämter gelten nicht erreichbare Arbeitslose als nicht vermittelbar. Sie berufen sich auf die Residenz- und Meldepflicht. Natürlich segeln und reisen viele Arbeitslose ohne direkte Konfrontation mit dem Arbeitsamt für Monate ums Mittelmeer herum. Sie hinterlegen Blankobriefe mit der eigenen Unterschrift bei Freunden, die Briefe vom Arbeitsamt öffnen dürfen und mittels Blankounterschrift beantworten. Motto: »Bin gerade für eine Woche bei meiner schwer bettlägerigen Mutter und pflege sie. Meine Mutter hat kein Telefon. Melde mich kommenden Freitag, 15 Uhr, wieder bei Ihnen persönlich im Arbeitsamt«. Dass an diesem Freitag Nachmittag das Amt zwecks verlängertem Wochenende längst zugesperrt ist, weiß man als Insider. In den zwei verbleibenden Tagen können die Zelte am Mittelmeer abgebrochen werden, um rechtzeitig in Deutschland zurück zu sein. Ein Kumpel von mir installierte auf seinem Schiff eine 4000 Mark teure Amateurfunkanlage, damit er jeden Abend Punkt 20 Uhr von Deutschland aus angefunkt werden konnte, sollte sich ein Brief vom Arbeitsamt im Briefkasten befinden. Die Angst vor dem Arbeitsamt und einer schlechten Funkverbindung quälte ihn auf einsamen Ankerplätzen in Dalmatien so nachhaltig, dass er nach sechs Monaten die Segelei wieder aufgab, und sich ein Wohnmobil anschaffte. Jeden zweiten Abend ruft der 55-jährige arbeitslos Gemeldete jetzt in Deutschland bei seiner Schwester an, ob Post vom Arbeitsamt im Briefkasten liegt.

Wer solche Ängste hat, sollte sich den ganzen Schwindel noch einmal gut überlegen. Was nützt das Geld vom Arbeitsamt, wenn der Urlaub auf so wackeligen Füßen steht und man in diesem Alter kaum mehr vermittelbar ist. Was meint das Arbeitsamt dazu? »Die ganz coolen Typen melden ihr reguläres Telefon ab und geben dem Menschen vom Arbeitsamt die neue Handy-Nummer. Der Anrufer merkt nicht, von wo aus gesprochen wird. Der Trick ging eine Weile gut, jetzt ist damit Schluss. Wenn begründete Zweifel bestehen, verlangt das Arbeitsamt jetzt einen Besprechungstermin für den nächsten Tag im Amt.« In einem Fall schickte ein Langzeit-Arbeitsloser einfach seinen Freund ersatzweise aufs Amt, weil die griechischen Fluglotsen streikten. Der Beamte roch den Braten und strich sämtliche Zahlungen bis auf Weiteres. Über die bislang geleisteten Zahlungen wird nun in einem Musterprozess verhandelt

Dieser Prozess könnte durchaus zugunsten des Arbeitslosen ausgehen, weil er sich nach Absprache mit dem Amt »auf einer bis zu dreimonatigen Arbeitssuche in Griechenland« befand. Nach EU-Recht kann man in jedem EU-Land nach Arbeit suchen. Das kann auch auf den Kanarischen Inseln der Fall sein, oder auch auf den karibischen Inseln Martinique und Guadeloupe, die zum französischen EU-Mutterland gehören! Drei Monate lang muss das Arbeitsamt Arbeitslosengeld bezahlen, dann werden die Ansprüche im heimatlichen Arbeitsamt neu überprüft. Wer sich allerdings zu dieser dreimonatigen Arbeitsplatzsuche in einem EU-Land nicht beim Arbeitsamt an- und abmeldet, verliert seine Ansprüche nicht generell. Die Anwartschaft aufs Geld wird nur neu überprüft.

Heimathafen Lüderitz oder Bali – warum eigentlich nicht?

Die meisten Touristen verlassen die geschichtsträchtige Hafenstadt Lüderitz in Namibia wieder nach wenigen Stunden Aufenthalt. Hier am Rande der diamantenreichen Namib-Wüste brennt die afrikanische Sonne besonders intensiv. Tagestemperaturen von weit über 35 Grad sind die Regel, nachts ist es oft lausig kalt. Das andere Extrem sind stürmische Südwestwinde, die meist tagelang mit gut sieben Beaufort Sand und Salzwasser zu einem Dunstschleier vermischen. Nein, Lüderitz ist für die wenigen Touristen kein Ort zum langen Verweilen. Dennoch fanden hier zwei deutsche Aussteiger und Weltumsegler einen sicheren Heimathafen, der zu ihnen passt und für den Lebensunterhalt sorgt.
Gaby und Manfred Wedell umsegelten zwischen 1974 und 1977 mit ihrer *Sedina* die Welt. Dabei lernten sie Lüderitz kennen. Der Naturhafen von Lüderitz ist einer der ganz wenigen sicheren Schutzhäfen entlang der westlichen Atlantikküste von Südafrika und den Nachbarländern. Hier treffen sich Weltumsegler aller Nationen, im »Lüderitz Yacht Club« auf der Haifisch-Halbinsel, wenn die stürmischen Südwest-Winde es nicht zulassen, das Kap der Guten Hoffnung zu runden. Ein Etmal weiter nördlich liegt die berühmte Skelettküste. Hier strandeten viele Großsegler und Frachtschiffe, weil sie bei stark auflandigem Wind Lüderitz oder die Walvis Bay bei Swakopmund verpassten. Nicht umsonst heißt die etwa 1500 Kilometer lange und etwa 130 Kilometer breite Namib-Wüste an der Atlantikküste in der Hugenottensprache »Große Leere«. Wer hier strandet, verdurstet auch heute noch mit ziemlicher Sicherheit. So kamen im Januar 1998 fünf Menschen bei einem harmlosen Rundflug an der Skelettküste ums Leben, weil ihre einmotorige Cessna mit Motorschaden notlanden musste. Man fand die vom Sand zugewehte Maschine erst nach dreiwöchiger

Suche. Der Pilot und seine Gäste waren ohne äußerliche Verletzungen längst verdurstet.
1908 war der Nachbarort von Lüderitz Kolmanskuppe die reichste Stadt Afrikas. Damals wühlten sich mehr als 20.000 meist schwarze Arbeiter durch die Diamantenfelder. An einem Tag lag die Ausbeute eines Arbeiters bei über 2000 Karat Rohdiamanten. Mit kompromissloser, ja brutaler Härte bewachten die Aufseher ihre schlecht bezahlten Arbeiter, die unter schlimmsten Verhältnissen von Tagesanbruch an bis zur Dunkelheit tonnenweise Sand siebten. Auspeitschungen waren bei kleineren Vergehen keine Seltenheit und wer beim Diebstahl von Diamanten erwischt wurde, war meist ein toter Mann. Der legendäre Reichtum des einstigen Deutsch-Südwestafrika wurde unter oft menschenverachtenden Regularien begründet. Heute sehen viele Nostalgiker nur die Sonnenseiten der 1915 zu Ende gegangenen deutschen Kolonialzeit. An allen Ecken und Enden Namibias ist der deutsche Einfluss heute noch deutlich sichtbar. Kaum einer der großen Farmbetriebe wird nicht von deutschstämmigen Farmern geführt. Namibias Reichtum, der Diamantenabbau, hat sich längst nach Süden verlagert und steht noch etwa zehn Jahre lang unter der Monopolstellung der südafrika-

Die karge Bucht von Lüderitz/Namibia: Nur wenige Blauwassersegler trifft man hier. Sie finden Schutz vor den auflandigen und meist stürmischen Südwest-Winden. Im bescheidenen Yacht Club von Lüderitz wird immer noch Deutsch gesprochen. Straßennamen und Gebäude erinnern an die Zeit, als Deutschland hier Kolonialmacht war.

nischen »De Beers«-Gruppe. Heute ist die einstmals reichste Stadt Kolmanskuppe eine fast völlig verlassene Geisterstadt, und Lüderitz kämpft mit knapp 8000 Einwohnern auch ums Überleben. In den besten Zeiten vor dem Ersten Weltkrieg lebten doppelt so viele Menschen in Lüderitz. Möchten Sie hier im Outback Namibias leben und den Unterhalt mit einer Segelyacht im Tageschartergeschäft verdienen? Wohl kaum.

Gaby und Manfred Wedell gingen das Wagnis ein, und sie fühlen sich wohl in diesem Ort mit zweifelhafter Zukunft. Ihre perfekt gepflegte rund 15 Meter lange COLIN ARCHER Spitzgatter-Ketsch *Sedina* fährt zahlende Gäste je nach Wind und Wetterlage ganzjährig übers Wasser. Die gut fünf Seemeilen breite Bucht von Lüderitz schützt den eigentlichen, bis zu 6,5 Meter tiefen Haupthafen wirkungsvoll gegen den Südwester ab. Ein schwieriges Manövriergebiet für Frachtschiffe und die zahlreichen einheimischen Langustenfischer, aber ideal für eine Segelyacht, weil selbst bei sieben Beaufort die Wellenhöhe magenfreundlich ist. Das ist gut für Mitsegler und schont das Schiff. Das Skipper-Ehepaar meint: »Der eine Segler fühlt sich in den Gewässern um Kap Hoorn wohl, der andere sieht in Französisch-Polynesien seine Zukunft. Wir setzen auf unser historisch so interessantes Lüderitz, denn die deutschen Lüderitzer halten zusammen und machen das Beste aus den sicherlich nicht einfachen Bedingungen. Der Blick vom Meer aufs Land begeistert wohl jeden Gast. Die meisten Touristen meinen: ›Der Törn hat sich auf jeden Fall gelohnt. Was kann ein Skipper mehr von seinen Gästen erwarten?‹«

Die *Sedina*-Crew bietet ihre Törns über Touristikunternehmen und Hotels an. Sicher die effektivste Methode, Gäste für Tagestörns zu gewinnen. Die Lebenshaltungskosten für Schiff und Mannschaft sind derzeit in Namibia ausgesprochen günstig. Dort kostet der Liter Sprit nur 70 Pfennige und ein ausgezeichnetes Abendessen mit einer Flasche südafrikanischen Weißweins ist mit etwa 14 Mark pro Person für jeden Segler und Touristen ein preiswertes Vergnügen.

Die *Sedina*-Crew meint deshalb: »In Namibia kann man nicht reich werden mit dem Tageschartergeschäft, aber es ernährt die Familie besser und angenehmer als in manchen von Touristen überlaufenen Gegenden, wo man nichts anderes ist, als der Diener für Leute, die einem unter Umständen gar nicht gefallen.« Auch ein Standpunkt, den sich zukünftige Tagesfahrten-Skipper mit Aussteiger-Ambitionen zu Herzen nehmen sollten. Die *Sedina*-Crew: »Weil der Massentourismus in Namibia weder jetzt noch in Zukunft stattfinden wird, freuen wir uns über jeden Gast. Und wenn es uns in den Fingern juckt, können wir von hier aus zur nächsten Weltumsegelung aufbrechen, ohne Scherben zu hinterlassen.« So gesehen ist das Outback Namibias der ideale Platz für Aussteiger mit dem Herz auf dem rechten Fleck.

Auf ein nicht minder erfolgreiches Pferd setzten Hans und Berta.

Sie gaben unter dem Druck eines großen internationalen Ölkonzerns ihre Tankstelle in der Nähe von Marbach bei Stuttgart auf. Der Ölkonzern wollte die florierende, aber etwas in die Jahre gekommene Tankstelle komplett umbauen lassen. Sämtliche Ersparnisse aus fast vier Jahrzehnten Arbeit wären mühelos in den Umbau geflossen. Hans lehnte dankend ab und verpachtete seine Werkstätte an einen Bekannten. Dann packten die beiden ihre Koffer und flogen fast rund um die Welt nach Taiwan. Dort bezogen sie ein preiswertes Quartier für die nächsten Monate. Schiffsbau war angesagt. In Absprache mit einem fähigen Yachtkonstrukteur entstand ein tagescharter-tauglicher 20 Meter langer GFK-Langkieler mit klassischem Riss. Viele fleißige Taiwanesen arbeitenden im feuchtheißen Klima an dem Schiff, und Hans führte nicht weniger schwitzend die Bauaufsicht. Nach acht Monaten war die Yacht bereit zum »Stapellauf«. Nach einer fast schon epochalen Bootstaufe und vielen Gebeten legten die beiden Schwaben unter dem Jubel von zahlreichen Seglern und Einheimischen zur ersten Reise nach Bali ab. Hier gefiel es den beiden Aussteigern so gut, dass sie für die nächsten fünf Jahre dort vor Anker gingen. Das schöne Schiff zog die Bewunderung zahlreicher australischer Touristen an, und auch deutsche Fernreisende lassen sich heute zu einer genussvollen Tagesfahrt überreden. Das bringt Geld in die Bordkasse und viele, wenn auch nicht immer erfreuliche Neuigkeiten aus der alten Heimat. Eine klassische Karriere von Aussteigern, die ihre Zukunft mit fast 60 Jahren selbst neu gestaltet haben und nicht auf ein Wunder mit

Asien – das andere Extrem: Pfeilschnelle Fregattvögel an der Küste von Bali. Hier findet man Aussteiger auf Zeit zuhauf.

ihrer Rente hoffen. So viel Mut ist einfach bewundernswert!
Dass diese beiden Langzeitsegler den richtigen Dreh zum Ausstieg gefunden haben, ist für den Autor kein Zufall. Beide Ehepaare legten sich mächtig ins Zeug, sowohl in emotionaler, wie auch in finanzieller Hinsicht. Alles wurde auf eine Karte gesetzt. Mit der gleichen Energie hätten sie überall auf der Welt für sich eine neue Existenz aufbauen können. Ein anderer deutscher Weltumsegler kehrte nach Südafrika in die Hout Bay Marina zurück und leitet dort seit Jahren den »Südlichsten Hamburger Imbiss-Stand«. Mit seinem früheren Beruf als Steuerberater hat dieses Geschäft nun wirklich nichts mehr zu tun. Der Mehrverdienst als Steuerberater juckt ihn nicht. Wozu auch? Täglich kommen neue Gäste aus aller Welt zu seinem originellen Stand. Dieser Mensch macht einen wirklich zufriedenen Eindruck, und seine Buletten sind erstklassig. Ein anderer deutscher Ex-Langzeitsegler strandete an der Westküste Australiens mit seiner Yacht. Trotz dieser bitteren Erfahrung gefiel ihm dieser Landstrich so gut, dass er aus den Resten seines Schiffes einen ausgemusterten sechsradangetriebenen Armeelaster zum Outback-Touristenbus komplettierte. Mit diesem Laster verdient Klaus richtig Geld, er hat Spaß am neuen Job und seine Entscheidung nie bereut. Strebt Aussteiger Klaus in einigen Jahren wieder ein »normales« Leben in Deutschland an? Er sagt mit einem breiten Lächeln: »Ernsthaft nicht, vielleicht in meinem zweiten Leben.«

Schlusswort: Aussteigen auf Zeit lohnt sich

Manche der Leser, die das Buch von vorne bis hinten gelesen haben, mögen aufgrund der vielen aufgezeigten Gefahren- und Problemquellen den Eindruck gewonnen haben, Langzeitsegeln und der damit verbundene Ausstieg auf Zeit sei eine Sache, von der man besser die Finger lässt. Dem ist natürlich in keinster Weise so. Die Aufgabenstellung dieses Buches war es lediglich, dem Leser die wichtigsten Extremfälle aufzuzeigen, die vorkommen können und auch schon wiederholt vorgekommen sind. Es soll ihm Gelegenheit und die nötigen Kenntnisse an die Hand geben, rechtzeitig Vorsorge zu treffen, damit er entweder gar nicht in eine solche Situation gerät oder darauf vorbereitet ist.

Die mit Abstand meisten Langfahrten verlaufen ohne größere Probleme – in der Regel aber deshalb, weil sie vernünftig geplant und durchgeführt worden sind. Im Gegenteil, wer nie in seinem Leben den Absprung aus der Normalität wagt, riskiert meist einen größeren Verlust. Viele Menschen versäumen es nämlich, auch jenseits der Fünfunddreißig ihr Leben mit wunderbaren Erlebnissen anzufüllen.

»Mein Gott, was seid ihr doch eine verrückte Familie«, mit diesen Worten begrüßte uns die Nachbarin mit feuchten Augen nach unserer Rückkehr ins Schwabenländle. Wir freuten uns genauso auf das Wiedersehen mit lieben Menschen in der Heimat. Neun Monate lange hatte die ältere Dame die Blumen gegossen und den Briefkasten von Werbesendungen befreit während wir zu den Karibischen Inseln segelten: »Ich habe es gern gemacht, weil ich Euch um die Reise beneide. Jetzt bin ich zu alt zum Reisen, aber die Erinnerung an unsere schönen Fahrten mit dem Wohnmobil bleibt mir erhalten.« Das Glitzern in ihren Augen konnte sie nicht verbergen, wozu auch, Gefühle soll man zeigen, dann geht es einem besser.

Bertrand Piccard, der als erster Mensch 1999 die Erde im Ballon umrundet hat, äusserte in einem Interview mit dem Hinweis auf sein lebensgefährliches Unternehmen und auf Situationen, die auch bei extrem mutigen Menschen Angstzustände auslösen dürften: »Diese Situationen helfen mir, mit dem Leben zurecht zu kommen, wenn ich wieder zu Hause bin. Schließlich ist das ganze Leben eine unbekannte Größe und ein großes Abenteuer. Viele Menschen erkennen nie, wie faszinierend das Abenteuer des Lebens sein kann.« Wer es nicht glaubt, sollte sich die Zeit nehmen und ältere Menschen nach den schönsten Erinnerungen ihres Lebens fragen. Es sind die Abenteuer, die hängen bleiben, nicht der erste eigene Fernsehapparat oder das erste Auto, selbst die ersten 10.000 Mark auf dem Sparbuch stehen wahrscheinlich nicht auf dieser Liste, obwohl man damals um jeden Pfennig gekämpft hat. Materielle Erfolge sind plötzlich langweilig, sobald man sie erzielt hat. Ähnlich verhält es sich mit unserer psychischen Leistungsfähigkeit. Ein stabile Gesundheit wird von den meisten jungen Menschen als selbstverständlich betrachtet. Eine schwere Krankheit oder ein Unfall öffnet einem den Blick fürs Wesentliche. Ist mein bisheriges Leben wirklich sinnvoll verlaufen, oder weine ich nun den verpassten Chancen nach? Die Krankenhäuser und Psychotherapeuten-Praxen sind voll von gedemütigten, frustrierten Patienten. Sie haben nichts im Leben riskiert und verloren trotzdem, weil sie nie richtig gelebt hatten.

Aussteigen und zu fernen Ländern segeln? »Ach, das wäre mir viel zu gefährlich.« Wer so denkt, sollte ernsthaft in sich hineinhorchen. Vielleicht stellt er dann fast, dass alles, was er sich selbst nicht zutraut, andere aber trotzdem tun, als gefährlich betrachtet. Es ist nicht nur eine Frage des Mutes, es ist auch eine Frage der Persönlichkeit, ob man zu gewissen Risiken bereit ist. Ohne weiche Knie legt kein zukünftiger Weltumsegler vom sicheren Steg ab. Nicht wenige Skipper müssen geradezu von der Gruppendynamik her »gezwungen« werden, die Leinen loszuwerfen. Weil sie gegen ihren eigenen inneren »Schweinehund« das Abenteuer wagen, werden sie bewundert. Die großen Abenteurer und Entdecker waren schon immer Vorbilder für die Jugend. Warum werden viele gut situierte Menschen im Alter immer träger? Abgestumpft vom Alltagstrott, abgerundet we-

gen schlechter Erfahrungen, angepasst bis ins Extrem? Wer diesen Prozess nicht bei sich selbst aufzuhalten versucht, wird auf Dauer unzufrieden sein. Man fühlt sich selbst als weiches Ei.
Je weiter man als Globetrotter von der Heimat entfernt ist, desto interessantere Persönlichkeiten trifft man auf dem neuen Ankerplatz an. Die Spreu hat sich vom Weizen getrennt. Diese Begegnungen sind nicht nur für mich, sondern für den Großteil der mir bekannten Langzeitsegler die wahre Motivation zum Ausstieg auf Zeit. Ein freier Kopf wird mit den Problemen des Alltags immer zurechtkommen, trotz aller Widerstände, die jeden Ausstieg begleiten. Deshalb lohnt sich auf lange Sicht für jeden der zeitweilige Absprung aus unserem perfekt organisierten Alltag, der in Wirklichkeit vielleicht eine persönliche Sackgasse ist. Trotz aller unterschiedlichen Ansichten – in diesem Punkt sind sich wohl alle Langzeitsegler und Globetrotter einig.